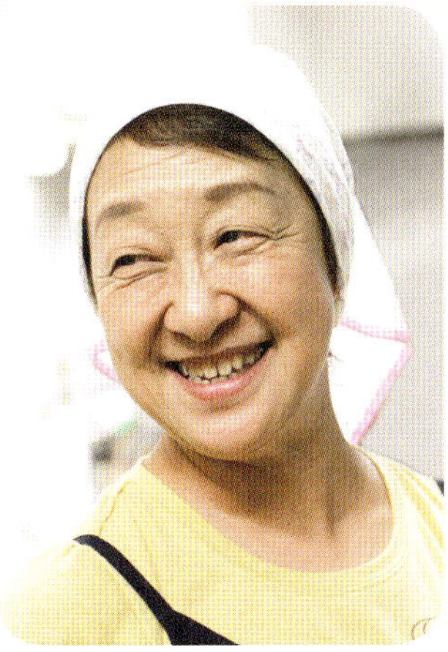

佐々木十美の 子どもと食べたい晩ごはん

佐々木十美

北海道新聞社

「おいしい」がいちばん。

置《おけ》戸《と》町は、北海道の北東部にある小さなまち。私はここで生まれ育ち、栄養士として40年間、学校給食に携わってきました。

いまの置戸町の給食は小・中学校を合わせて約250食ですが、私が栄養士になりたてのころは約1500食という時代でした。大量調理となると、家庭では見かけないような加工食品や調味料も使っていましたが、当時は「こういうものなのかな」と漠然と思っていただけでした。

でも、だんだんと「このままではダメだ。将来ちゃんとした大人に育ってもらうための大事な一食に、自分がおいしいと思わないものを出してはいけない」と考えるようになりました。いつでも手軽に食べ物が買える便利さが当たり前になり、大人だけでなく、子どもたちの食生活も乱れていく——。そんな現状を見るにつけ、食べることの基本を見直さなければと強く思うのです。

子どものために大切なことって何だろう。どうしたら食べる楽しみを伝えられるだろう。そうやって試行錯誤をしながら長年取り組んできたのが、置戸町の手作り給食です。

給食も家庭のごはんも「おいしい」と思えることがいちばん大事。おいしいものを食べているときって、幸せな気持ちになりますよね。とりあえずお腹いっぱいになればいいというのではなく、子どもにとって心が満たされるようなごはんであってほしい。それが私の願いなのです。

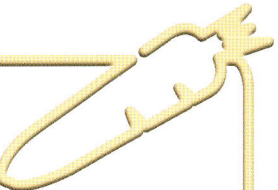

舌の記憶は、一生の財産です。

食べることは日常のこと。だから、しっかりした味覚を育てることが食の基本です。味覚は、その人が生まれてからどんなものを食べてきたかで決まってきます。

私の両親は岩手県出身で、置戸町の木工所に勤めていた父が、豚を一頭さばいて近所にふるまっていたのを覚えています。骨からだしを取ったラーメンがおいしかった。モツや豚足も食べました。畑もやっていたので、じゃがいも、かぼちゃ、とうきび（とうもろこし）も自家製でした。

そうして手間をかけることの大切さ、素材の味の見分け方が身についていきました。子どものときに体験した味覚は、大人になってもずっと残ります。将来につながるものなのです。

学校の授業で先生が子どもたちに知識を教えるのと同じように、給食の役割は味覚を教えること。毎日の食事も一緒です。その経験が、大人になったときにどんな食材や味つけのものを選ぶかという選択のしかたに影響を与えます。甘い、辛い、しょっぱい、酸っぱい、苦い。「おいしい」と思う味にはいろんな種類があることを、舌で体験してほしいと思います。

そのために今回は、「五感」をポイントにして、おいしい献立の工夫をお伝えしていきます。いつもと味つけを変えたり、香りや彩りを意識したり、食感で面白さを出したり。さまざまな角度からおいしさを研究してみたいですね。

基本の配膳で、おいしさを伝えましょう。

前書の『おうちで給食ごはん～子どもがよろこぶ三つ星レシピ63』では、単品料理を紹介して、お好みで組み合わせられるようにしましたが、今回は「一汁二菜」を基本とした献立を紹介していきます。

食卓の作法として、給食では配膳のしかたを子どもたちに教えますが、最近の家庭ではあまり意識されなくなってきているようです。

配膳の基本は、ごはんが手前左、汁物が手前右。おかずは主菜を左奥、副菜を右奥に置きます。では、箸はどちら向き？　そう、持ち手が右側、先が左側にくるように置きます。できれば、写真のように箸置きを使うといいですね。

箸置きがあると箸の置き場所が定まるので、家族で会話をしながらゆっくりと楽しんで食べる余裕が生まれます。焦らずよくかんで食べることで早食い防止につながり、消化吸収の良いペースで食事ができるようになります。

CONTENTS

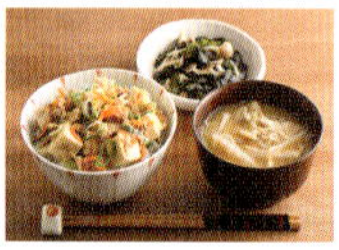

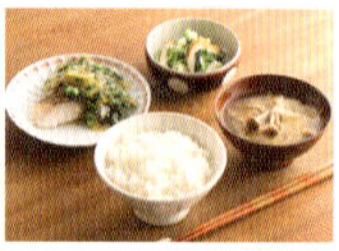

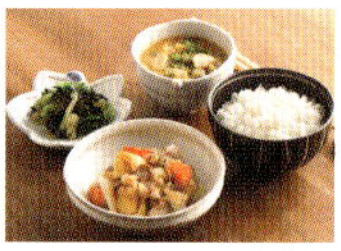

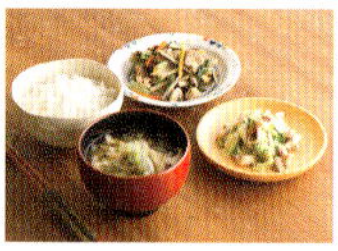

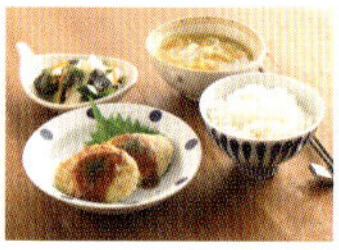

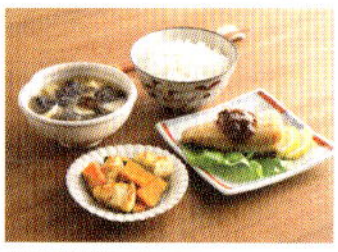

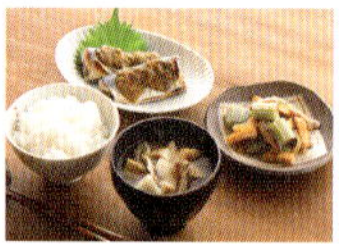

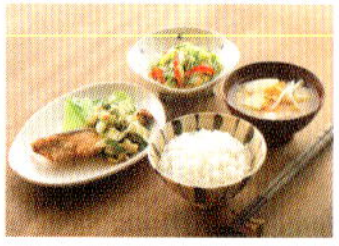

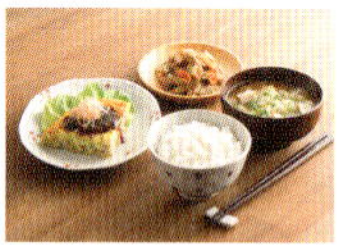

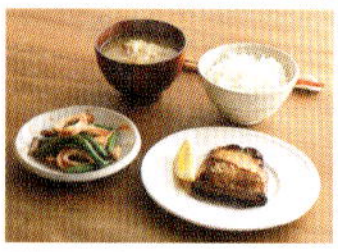

見た目で食欲アップ！

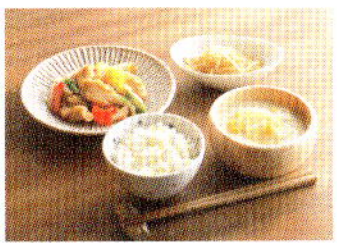

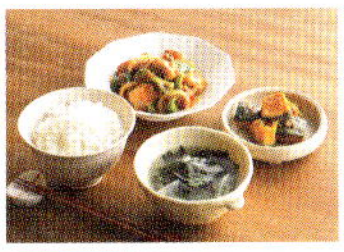

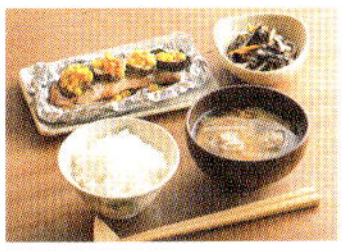

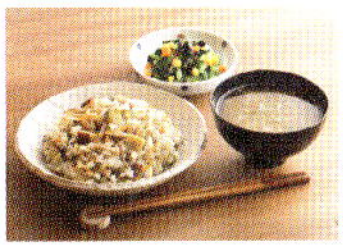

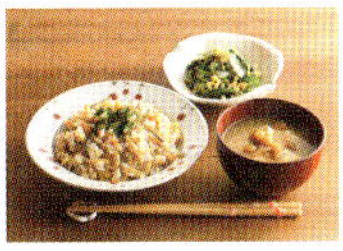

食感の違いを楽しもう

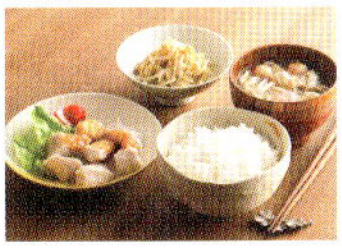

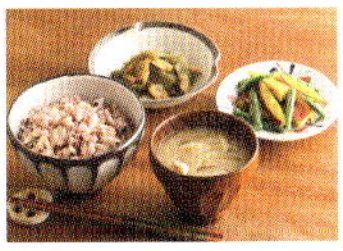

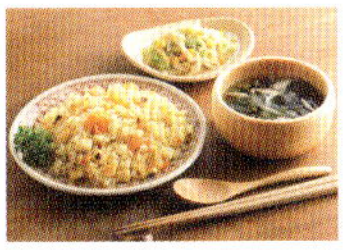

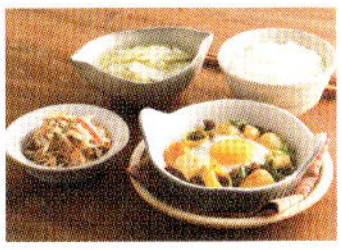

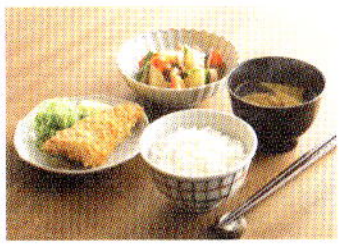

一品でも栄養たっぷり！

●レシピページの見方

次ページ以降で紹介するレシピは、置戸町の学校給食で出されたメニューをもとに、献立として組み立てたものです。通常約 250 人分のところを、この本では家庭向けに 4 人分に換算してあります。

☞ この本では「一汁二菜」を基本にしています。

（主食が混ぜごはんや丼ごはんの場合は一汁一菜）

写真では、撮影時の向きをページによって変えていますが、いずれも箸が手前にくる位置を基本に、主食・主菜・副菜・汁物を配しました。家庭での配膳の参考にしてください。

☞ この本ではあえてカロリー表示をしていません。

理由は、同じカロリーでも体調や時間帯などによって体内への吸収率が違うことや、カロリーよりも「食べたい」「おいしい」を大事にしたいことなどです。

☞ 調味料の分量表示で「大さじ」は 15cc、「小さじ」は 5 cc です。

☞ 置戸町の給食調理では通常、鶏がらを煮込んで鶏がらスープを作りますが、この本では、家庭で調理するときの手間を考え、「鶏がらスープのもと」で代用しています。

いつもの味に変化球！

主食　ごはん
主菜　塩肉じゃが
副菜　おかかほうれんそう
汁物　鶏チゲ

塩味の肉じゃがに挑戦！
同じ素材でも、
ひと味違うでしょ。

＊この献立に使うおもな食材＊

豚もも肉・じゃがいも・にんじん・玉ねぎ・しらたき・ほうれんそう・キャベツ・鶏むね肉・白菜キムチ・もめん豆腐・白菜・長ねぎ・にんにく

※調味料は別途。詳しくは各レシピ紹介で解説しています。

主菜　塩肉じゃが

子どもたちは肉じゃがが大好き。定番のしょうゆ味もいいけれど、ちょっと目先を変えてみたい。それで、塩味に挑戦してみました。これはフライパンでできる"煮ない肉じゃが"。隠し味の白ワインが、いい味出してます。

材料〈4人分〉

	豚もも肉スライス	80g
	じゃがいも	大1個
	にんじん	1/4本
	サラダ油（素揚げ用）	適量
	玉ねぎ	1個
	しらたき	40g
	サラダ油（炒め用）	大さじ1
A	白ワイン	小さじ1
A	塩	小さじ1弱
A	ホワイトペッパー	少々

作り方

1 豚肉は2cm幅に切ります。じゃがいも、にんじんは皮つきのまま乱切りにして素揚げします。

2 玉ねぎはくし形に切り、しらたきは湯通ししてから2cm幅に切ります。

3 鍋にサラダ油を熱して豚肉を炒めます。玉ねぎを入れてさらに炒め、しんなりとなったら、しらたきを入れます。

4 Aを順に入れて調味し、素揚げしたじゃがいもとにんじんを加えて混ぜ、よく味をなじませます。

じゃがいもとにんじんは、素揚げしてから加えることでコクが出て、煮くずれすることなく仕上がります。

白ワインを加えたら、煮切ってアルコール分をしっかり飛ばし、風味を残します。

副菜　おかかほうれんそう

主菜で油を使っているので、副菜はさっぱりと。キャベツの代わりに白菜もいいですよ。季節の野菜をさっとゆでて和えるだけで、おいしい一品になります。

材料〈4人分〉

ほうれんそう	1把
キャベツ	葉1枚
しょうゆ	大さじ2/3
かつお節	4g

作り方

1. ほうれんそうは2cm幅に切り、キャベツは2cm幅のざく切りにします。
2. 1をそれぞれゆで、冷ましておきます。
3. 水気をよく絞った2をボウルに入れ、しょうゆで調味し、かつお節をかけて和えます。

！ 野菜の水気をしっかり絞ることで、仕上がりが水っぽくなりません。

汁物　鶏チゲ

給食で反応を見ると、子どもはキムチ味が好きみたい。それなら鶏肉と合わせてみようと、鶏チゲを作りました。体が温まり、代謝を活発にしてくれます。

材料〈4人分〉

	鶏むね肉	120g
A	塩	小さじ1/2弱
A	ブラックペッパー	少々
	白菜キムチ	40g
	もめん豆腐	1/3丁
	白菜	葉1枚
	長ねぎ	1/2本
	ごま油	大さじ1
	にんにく（すりおろし）	4g
	水	400cc
B	酒	小さじ2
B	砂糖	小さじ1
B	みそ	大さじ2強

作り方

1. 鶏肉は一口大に切り、Aで下味をつけて約30分置きます。
2. キムチは1cm幅に、豆腐は2cm角に、白菜は縦半分にしてから2cm幅に切ります。長ねぎは3mm幅の斜め切りにします。
3. 鍋にごま油とにんにくを入れて火にかけ、香りが出たら鶏肉を加えて炒めます。
4. 肉の色が変わったら、キムチ、豆腐、白菜を順に加えて炒め、水を入れてひと煮立ちさせます。
5. 材料に火が通ったら、Bを順に入れて調味し、最後に長ねぎを加えてひと煮立ちさせます。

鶏肉は一口大の乱切りにすることで、ボリューム感のある一品に仕上がります。

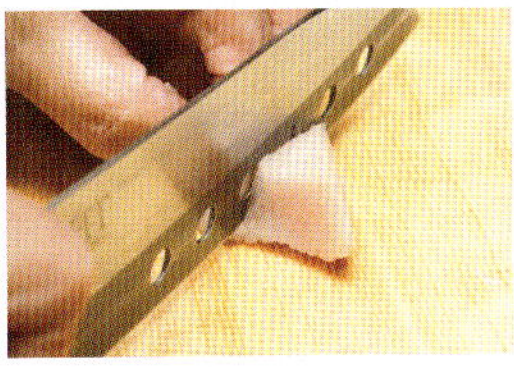

いつもの味に変化球！

主食　ごはん
主菜　ほっけの変わり揚げ
副菜　かぼちゃのスパイシー炒め
汁物　春雨スープ

魚料理は焼くだけ？
楽しく冒険してみましょう。

＊この献立に使うおもな食材＊

生ほっけ・玉ねぎ・にんにく・しょうが・かぼちゃ・鶏むね肉・春雨・きくらげ・たけのこ

※調味料は別途。詳しくは各レシピ紹介で解説しています。

主菜　ほっけの変わり揚げ

イメージしたのは、ほっけのフライ。しょうゆ派とソース派の人がいるので「両方を混ぜたらどんな味？」と試してみたら、子どもも楽しんで食べてくれました。油はそれほど使わず、揚げ焼きくらいの量でも十分です。

材料〈4人分〉

生ほっけ切り身……………………………4切れ
A［塩……………………………… 小さじ1/2弱
　 ホワイトペッパー………………………… 少々
玉ねぎ（薄切り）………………………… 1/4個
にんにく（すりおろし）……………… 1/2かけ
しょうが（すりおろし）……………… 1/2かけ
B［しょうゆ………………………… 大さじ2/3
　 中濃ソース、ウスターソース、水 … 各大さじ1
小麦粉、片栗粉……………… 各大さじ1と1/3
サラダ油………………………………………… 適量
レモン、サラダ菜………………………… 各適量

作り方

1. ほっけはAで下味をつけ、約30分置きます。
2. 鍋に玉ねぎ、にんにく、しょうが、Bを入れて火にかけ、ひと煮立ちさせます。とろみがついたら火を止めておきます。
3. 小麦粉と片栗粉を合わせて1にまぶし、180℃に熱した油でからっと揚げます。
4. よく油を切った3を器に盛って2をかけ、レモンとサラダ菜を添えます。

片栗粉でカリッと、小麦粉でしっとり感を出すために、衣はダブル使い。表面が固まるまであまり触らないのが、上手に揚げるコツ。

2のソースは野菜がしんなりして、とろみがついたらでき上がり。煮詰めすぎると焦げたり味が濃くなったりするので気をつけましょう。

副菜　かぼちゃのスパイシー炒め

置戸産のかぼちゃを味わってほしくて、給食では旬の9～12月限定で使います。かぼちゃとにんにくは好相性。カレー味がアクセントになって新鮮です。

材料〈4人分〉

かぼちゃ……160g
鶏むね肉……120g
A
- 塩……小さじ1/2弱
- ホワイトペッパー……少々

にんにく（みじん切り）……1/4かけ
B
- 小麦粉……大さじ1/2
- カレー粉……少々

オリーブ油……大さじ1
塩……小さじ1/4

作り方

1. かぼちゃは厚さ5mmの短冊切りにします。
2. 鶏肉は一口大に切り、Aで下味をつけて約30分置きます。
3. Bを混ぜ合わせ、2にまぶします。
4. フライパンにオリーブ油とにんにくを入れて加熱し、香りが出たら3を加えて炒めます。
5. 肉の色が変わったら、1を加えてよく炒め、火が通ったら塩で味を調えます。

！オリーブ油とにんにくは火にかける前に入れると、香りやうまみがよく出て、にんにくが焦げにくくなります。

汁物　春雨スープ

主菜、副菜が濃い目の味なので、中華風のあっさりしたスープを合わせました。ソース味やカレー味との相性も良く、献立にまとまり感が生まれます。

材料〈4人分〉

春雨……40g
きくらげ……5g
たけのこ水煮……60g
水……800cc
A
- コンソメ（顆粒）……小さじ1弱
- 鶏がらスープのもと……小さじ1/2弱

B
- しょうゆ……大さじ1と1/3
- 塩……小さじ1/2弱
- ホワイトペッパー……少々

作り方

1. 春雨を水で戻し、2cm幅に切ります。きくらげも水で戻し、軽く洗って、大きいものは2、3等分に手でちぎっておきます。
2. たけのこは軽くゆでてから短冊切りにします。
3. 鍋に湯を沸かし、Aを入れてスープを作ります。きくらげ、たけのこ、春雨を順に入れてひと煮立ちさせ、Bを加えて調味します。

いつもの味に変化球！

主食　ごはん
主菜　お好み焼き風オムレツ
副菜　はちみつオイスター味のきんぴら
汁物　白菜のみそ汁

何が入っているのかな？
興味がわくと、
モリモリ食べられる。

＊この献立に使うおもな食材＊

豚もも肉・キャベツ・焼きちくわ・長ねぎ・卵・
しょうが甘酢漬け・ごぼう・にんじん・こんにゃく・
さつま揚げ・しょうが・白菜・生揚げ

※調味料は別途。詳しくは各レシピ紹介で解説しています。

主菜　お好み焼き風オムレツ

見た目ではわからないのに、ひと口食べると、ガリの味がアクセントになっておいしい！「これ何かな」と楽しんで食べてくれたら作りがいがありますね。ちくわでボリュームアップしたヘルシーな一品です。

材料〈4 人分〉

豚もも肉スライス	100g
キャベツ	葉小 2 枚
焼きちくわ	1 本
長ねぎ	1/2 本
サラダ油	大さじ 1
塩	少々
溶き卵	4 個分
しょうが甘酢漬け（5mm 幅）	20g
サラダ菜	適量
お好み焼き用ソース	大さじ 2 強
青のり	少々
糸削り節	4g

作り方

1 豚肉は 1cm 幅、キャベツは 5mm 幅に切ります。ちくわは縦半分にしてから 3mm 幅に切り、長ねぎは小口切りにします。

2 フライパンにサラダ油を熱して豚肉を炒め、肉の色が変わったらキャベツ、ちくわ、長ねぎを順に加えて炒め、塩で調味します。

3 2 に溶き卵を入れ、半熟程度になるまで炒めます。しょうが甘酢漬けを入れてさっくりと混ぜ合わせ、木べらで表面をならしてふたをし、弱火にして蒸し焼きにします。

4 底に焦げ目がついたら、ふたを使って裏返し、裏側にも焦げ目をつけます。

5 焼き上がったら 4 等分に切り分けて器に盛り、サラダ菜を添え、ソース、青のり、糸削り節をかけます。

溶き卵を加えたら、木べらで大きくかき混ぜながら、全体がまとまるように混ぜます。こうすると、卵にムラなく火が通ります。

焦げ目はこのくらいの感じが目安。

副菜　はちみつオイスター味のきんぴら

ごぼうをおいしく食べてほしくて切り方を工夫しました。普通のきんぴらは拍子木切りだけど、これは斜め半月切り。見た目を変えるのも大事なコツです。

材料〈4人分〉

ごぼう	1本
にんじん	1/5本
こんにゃく	80g
さつま揚げ	40g
サラダ油	大さじ1
しょうが（せん切り）	1/2かけ
水	200cc
A はちみつ	大さじ2/3
A しょうゆ	大さじ3/4
A オイスターソース	大さじ1/2
長ねぎ（小口切り）	1/5本
白いりごま	大さじ1/2

作り方

1. ごぼうは縦半分にして5mm幅の斜め半月切りにし、にんじんは5mm幅のいちょう切りにします。
2. こんにゃくは短冊切りにしてからさっとゆで、さつま揚げは縦半分にしてから3mm幅に切ります。
3. フライパンにサラダ油としょうがを入れて加熱します。香りが出たら、ごぼう、にんじん、こんにゃく、さつま揚げを順に加えて炒め、水を加えて煮ます。
4. 材料が軟らかく煮えたら、よく混ぜ合わせたAを加えて調味し、最後に長ねぎ、白ごまを加えてさっと炒めます。

ごぼうは斜め半月切りにすると断面が大きくなり、味のしみ込みも良くなります。また、水にはさらさず、ごぼうのうまみをそのまま残します。

汁物　白菜のみそ汁

しっかり味のおかずと合わせる汁物は、シンプルな具材のみそ汁。だしの味がちゃんとしているので、白菜と生揚げ、それぞれのコクが引き立ちます。

材料〈4人分〉

A 煮干し（いりこ・あじ）だし汁	300cc
A 厚削りだし汁	300cc
白菜	葉2枚
生揚げ	60g
粉末しいたけ（P73参照、なくても可）	小さじ1
みそ	大さじ3弱

作り方

1. Aのだし汁を合わせておきます。
2. 白菜は縦半分にしてから1cm幅に切ります。生揚げはぬるま湯で洗ってから、厚みを半分にしたあと縦半分にし、5mm幅の短冊切りにします。
3. 1のだし汁で2の材料を煮ます。火が通ったら、粉末しいたけとみそで調味します。

生揚げは表面をぬるま湯で洗うことで、余分な油や臭みを取ることができます。

いつもの味に変化球！

主食　ごはん
主菜　焼きたらのにらあんかけ
副菜　ちくわの辛子和え
汁物　しめじのみそ汁

野菜も魚も苦手？
じゃあ、合体させちゃおうか。

＊この献立に使うおもな食材＊

生たら・にら・にんじん・玉ねぎ・白菜・焼きちくわ・大根・しめじ

※調味料は別途。詳しくは各レシピ紹介で解説しています。

主菜　焼きたらのにらあんかけ

にらは家庭であまり使われないようですが、栄養たっぷりでおいしいんですよ！　給食では、たらの代わりに旬のますを使いました。季節ごとに魚を変えて、野菜もたっぷり食べられる料理です。

材料〈4 人分〉

	生たら切り身	4 切れ
A	塩	少々
A	ホワイトペッパー	少々
	にら	2/3 束
	にんじん	1/10 本
	玉ねぎ	1/2 個
	ごま油	小さじ 1
	水	200cc
B	砂糖	小さじ 2/3
B	しょうゆ	大さじ 1 と 2/3
B	ホワイトペッパー	少々
C	片栗粉	大さじ 1 と 1/3
C	水	大さじ 1 と 1/3

作り方

1. たらに A を振り、約 30 分置きます。その後、グリルで両面を焼きます。
2. にらは 5mm 幅に切り、にんじんと玉ねぎは細切りにします。
3. フライパンにごま油を引き、にんじん、玉ねぎを炒め、しんなりしてきたら水を入れます。ひと煮立ちしたら B を順に入れ、味を調えます。
4. にらを加え、C の水溶き片栗粉でとろみをつけ、焼き上がったたらにかけます。

にらは最後のほうに入れると、きれいな色とシャキシャキ感が生かせます。

とろみをつけるときは、ふつふつするまで火をしっかり通して。とろみが長持ちします。

副菜　ちくわの辛子和え

冷蔵庫にある材料でできる簡単料理。辛子でアクセントをつけてみたら、子どもはモリモリ。先生たちからも「居酒屋メニューみたい」と好評でした。

材料〈4人分〉

白菜……………………………………………… 葉2枚
焼きちくわ………………………………………… 2本
A ┌ 砂糖……………………………… 大さじ1/2
　 │ しょうゆ…………………………… 小さじ1
　 └ 洋辛子（粉末）………………………… 少々

作り方

1 白菜は1cm幅に、ちくわは縦半分にして3mm幅の斜め切りにします。

2 白菜はゆでて冷まし、水気を絞ります。ちくわはさっと熱湯に通します。

3 ボウルにAを混ぜ合わせ、2を加えて和えます。冷蔵庫で約1時間置いて味をなじませます。

白菜の水気を切るときには、手でぎゅっとしっかり絞って。味をつけたときに水っぽくならず、おいしく仕上がります。

ちくわは、さっと熱湯に通すのがコツ。そのまま使うよりも食感が良くなり、味がなじみやすくなります。

汁物　しめじのみそ汁

おかずが個性的なので、みそ汁は大根としめじの組み合わせですっきりめの味に。献立の中でメリハリをつけると、飽きずにバランス良く食べられます。

材料〈4人分〉

A ┌ 煮干し（いりこ・あじ）だし汁…… 300cc
　 └ 厚削りだし汁……………………… 300cc
大根……………………………………………… 1/5本
しめじ…………………………………… 1/2パック
粉末しいたけ（P73参照、なくても可）… 小さじ1
みそ…………………………………… 大さじ3弱

作り方

1 Aのだし汁を合わせておきます。

2 大根は細切りにし、しめじは石づきを取って小房に分けます。

3 1のだし汁で2の材料を煮ます。火が通ったら、粉末しいたけとみそで調味します。

いつもの味に変化球！

主食 **ツナ麻婆丼**
副菜 **わかめのしょうが和え**
汁物 **もやしのみそ汁**

子どもは丼ごはんが好き。
野菜をたっぷり、
のっけてみよう。

＊この献立に使うおもな食材＊

もめん豆腐・干ししいたけ・にんじん・にんにく・しょうが・ツナ・長ねぎ・生わかめ・しめじ・もやし・たもぎたけ

※調味料は別途。詳しくは各レシピ紹介で解説しています。

主食　ツナ麻婆丼

子どもが好きな麻婆味は、置戸町の給食のいろんな料理に登場します。ひき肉の代わりにツナを使った主菜「ツナ麻婆」が大好評。これを丼料理にアレンジして、ごはんの上にのせたのがこの一品です。

材料〈4人分〉

	もめん豆腐	2/3丁
	干ししいたけ	5枚
	にんじん	1/5本
	ごま油	大さじ1
	にんにく（みじん切り）	1/2かけ
	しょうが（みじん切り）	1かけ
	ツナ缶（オイルタイプ）	小1缶
A	砂糖	大さじ1と1/3
A	しょうゆ	大さじ1強
A	みそ	大さじ1強
A	オイスターソース	小さじ1
A	豆板醤	少々
	長ねぎ（小口切り）	小1本
	ごはん	3合分

作り方

1 豆腐は2cm角に切り、水気を切っておきます。干ししいたけは水で戻して細切りにします（戻し汁は使うので取っておく）。にんじんは細切りにします。

2 フライパンにごま油、にんにく、しょうがを入れて加熱します。香りが出たらにんじん、しいたけ、ツナ（油ごと）、豆腐、しいたけの戻し汁50ccを順に加え、その都度よく炒めます。

3 混ぜ合わせたAを2に加えて調味し、長ねぎを加えてよく炒めます。

4 ごはんを丼に盛り、3をかけます。

長ねぎは最後に入れて炒めることで、シャキッとした歯ごたえがアクセントに。色もきれいに仕上がります。

副菜　わかめのしょうが和え

主菜を兼ねた丼ごはんが濃い目なので、副菜はすっきりとした味の和え物に。しめじは蒸すとプリプリの食感。しょうがの風味が引き立ちます。

材料〈4 人分〉

生わかめ………………………………………… 120g
しめじ…………………………………………… 1 パック
酒………………………………………………… 小さじ 1
しょうが（せん切り）……………………… 1 かけ
A ┌ 昆布だし汁………………………………… 20cc
A │ しょうゆ………………………… 大さじ 1 と 1/2
A └ 米酢………………………………… 大さじ 2/3

作り方

1 わかめは 2cm 幅に切り、さっと湯通しします。

2 しめじは石づきを取って小房に分け、酒を振って蒸します。

3 ボウルに A を混ぜ合わせ、しょうがと 1 と 2 を加えて和えます。冷蔵庫で約 1 時間置いて味をなじませます。

わかめはさっと湯通しすることで、きれいな色に仕上がり、味のなじみも良くなります。
わかめのおいしさを味わってほしいので、乾燥ではなく、生もしくは塩蔵のものを塩抜きして使うのがおすすめです。

※フライパンを使った簡易蒸しの方法は P80 参照。

汁物　もやしのみそ汁

主役の丼ごはんが引き立つように、みそ汁はシンプルな具材にしました。相性の良い汁物をすすると、口の中がリセットされて、さらに食が進みます。

材料〈4 人分〉

A ┌ 煮干し（いりこ・あじ）だし汁…… 300cc
A └ 厚削りだし汁……………………………… 300cc
もやし…………………………………………… 80g
たもぎたけ……………………………… 1/2パック
粉末しいたけ（P73 参照、なくても可）… 小さじ 1
みそ……………………………………… 大さじ 3 弱

作り方

1 A のだし汁を合わせておきます。

2 もやしはさっと洗います。たもぎたけは石づきを取って小房に分けます。

3 1 のだし汁で 2 の材料を煮ます。火が通ったら、粉末しいたけとみそで調味します。

! もやしはひげを取らなくても大丈夫。和え物などの場合はひげを取ると食感が良くなりますが、汁物や煮物の場合は取らずに使ってかまいません。

季節のおいしさを食卓に。

旬の食材で季節を感じてほしい。

私は、給食にはふるさとの食文化を発信する役目があると考えています。だから子どもたちには、給食を通して「旬のものがいちばんおいしい」と感じてほしい。食材の味は旬がいちばんよくわかります。給食に出てくるものを味わうことで、季節を実感してもらいたいのです。

たとえば、春は山菜やグリーンアスパラの旬です。にょきにょきと勢いよく伸びる自然の恵みをいただくと、体が目覚めるのがわかります。春の訪れとともに人間も運動量が上がる時期なので、体もそれに心地よく反応するのがわかるんです。

また、夏野菜のトマトやきゅうりは体を冷やす働きがあるので、夏以外は給食に出しません。置戸町の給食ではトマトピューレにしたものを年中使いますが、冬のサラダにはトマトは入れません。

いまは、スーパーに行けば季節を問わず食材が手に入ります。でも、その時期に採れないものをわざわざ使う必要はないと思っています。人間とできるだけ近い環境で育ったものを食べるほうが、体も喜ぶと思うのです。

献立はメリハリが大事です。

家庭のごはんは毎日のことなので、献立を考えるときって悩みますね。若いお母さんたちからよく聞くのは、「メインのおかずは決まりやすいけど、副菜がなかなか思いつかない」ということです。

では、置戸町の給食で、どうやって年間の献立を考えているかをお教えしましょう。

一汁二菜を基本にすると、「主菜」には魚や肉などのたんぱく質、「副菜」には野菜や海草など、ビタミンや食物繊維の豊富な食材を組み合わせると、バランスのいい献立になります。

まず「主菜」を決めます。そのときに「いまの季節は何がおいしいんだろう？」と旬の食材から探してみること。食材を決めたら、次は「それを使って何を作る？」と考えます。旬の食材は安くておいしいし毎日店頭に並びますが、いつも同じ味だと、作るほうも飽きてしまいますね。前回がみそ味なら今回はしょうゆ味、前回が揚げ物なら今回は蒸すなど、味や調理法を変えてみましょう。1週間ぐらい前までさかのぼって、食材や調理法が重ならないようにするとベストです。

主菜のイメージができたら次は「副菜」。主菜が濃い目の味つけなら、副菜はさっぱりした味など、メリハリがつくように。濃い目の味つけのものを一つ入れておくと、ごはんがすすんでモリモリ食べられます。

汁物は、和風・洋風・中華風など献立全体をどうまとめるかによって決めましょう。できれば汁物の具材は、主菜や副菜とダブらないほうがバランスの取れた献立になります。

子どもは一人ひとり違います。

レシピ本などではカロリーが重視される傾向が強いですが、私はあまり気にしていません。長年作り続けているとわかりますが、子どもは一人ひとり違います。その子に適したカロリーを計算するならまだわかりますが、平均値をすべての子どもに当てはめるわけにはいきません。日によって食べ方は違うし、体への吸収率もさまざまです。

育ち盛りの子どもが家族で食べるものについては、病院食のようにカロリーや塩分量を気にしすぎる必要はありません。「健康のために塩分を控えめに」という考え方もありますが、全部の料理がそうだと、ぼんやりとした味で印象に残らない献立になります。だから塩分は、献立の中で濃淡をつけましょう。

「○○嫌い」と決めつけないで。

セロリやピーマン、しいたけなど、子どもたちが苦手な野菜はたくさんあります。でも、置戸町の給食では、カレーに入れたり、煮たり焼いたりなど、調理法や味つけを変えて出し続けます。

そうしているうちに「いちいちよけるのが面倒くさいから食べちゃった」なんて言う子も出てきます。こうなれば、しめたものです。家庭でも、子どもの苦手なものが食卓からすっかり消えてしまうのはよくありません。家族が「おいしいね」と言いながら食べる姿を見せるのも大事です。本当は、みんなと同じように食べたいんですから。

すぐに食べられるようにならなくていい。匂いや色が記憶のどこかに残っていれば、大人になって食べてみたときに「案外いけるじゃないか」ということになります。地元の食材を目にしていれば、「私のふるさとではこんなものが採れていた」という記憶が残ります。

「うちの子は○○嫌いだから」と親が決めてしまうことは、子どもの味覚を広げる可能性を小さくするようなものです。

素材を生かす香り術

主食　ごはん
主菜　ごぼうと豚肉のごま風味炒め
副菜　いかとキャベツのみそマヨサラダ
汁物　ふきのみそ汁

ごぼうの持ち味を生かせば、苦手もなんのその。

＊この献立に使うおもな食材＊

豚もも肉・ごぼう・にんじん・小松菜・いか・キャベツ・ふき水煮・小揚げ・生しいたけ

※調味料は別途。詳しくは各レシピ紹介で解説しています。

主菜　ごぼうと豚肉のごま風味炒め

昔ほど家で食べないせいか、現代っ子にとって、ごぼうは苦手食材の一つ。いろんな方法でおいしさを伝えたくて、皮付きごぼうの香ばしさを生かしてみました。酢とごまの風味が食欲をそそります。

材料〈4 人分〉

	豚もも肉スライス	120g
A	塩	小さじ 1/4
A	ホワイトペッパー	少々
	ごぼう	1/2 本
	にんじん	1/10 本
	小松菜	1/2 把
	サラダ油	小さじ 1
	水	100cc
B	みりん	小さじ 2/3
B	しょうゆ	大さじ 1 強
B	米酢	小さじ 1
B	白すりごま	小さじ 1

作り方

1. 豚肉は 2cm 幅に切り、A で下味をつけて約 15 分置きます。
2. ごぼうはたわしなどでよく洗い、皮つきのまま拍子木切りにし、にんじんは細切り、小松菜は 2cm 幅に切ります。
3. フライパンにサラダ油を熱して 1 を炒め、肉の色が変わったらごぼう、にんじんを順に加えて炒めます。
4. 野菜がしんなりとしてきたら水を加え、中火で約 5 分炒め煮にします。
5. 4 に小松菜を茎、葉の順に加えて炒めます。B を順に加えて味つけをし、汁気がなくなるまで炒めます。

小松菜は茎と葉の部分で火の通りが違います。葉はしんなりとなりやすいので、茎を先に炒めてから葉を加えましょう。

副菜　いかとキャベツのみそマヨサラダ

主菜は見た目のわりにあっさり味なので、副菜にみそとマヨネーズを使ってみました。淡泊ないかとキャベツに味が絡んで、ごはんに合うおかずです。

材料〈4人分〉

いか……………………………… 1パイ
キャベツ………………………… 葉4枚
A　みそ…………………… 大さじ1強
A　マヨネーズ……………… 大さじ3と2/3
A　砂糖…………………… 大さじ1/2
ホワイトペッパー……………… 少々

作り方

1. いかは下処理をします（写真参照）。胴は皮をむかずに幅1cm×長さ2cmの短冊切り、足は長さ2cmに切ります。
2. キャベツは3cm角のざく切りにします。
3. 1と2はそれぞれゆで、ざるにあげて粗熱を取り、水気を切っておきます。
4. ボウルにAを加えて混ぜ合わせ、3を加えて和えます。ホワイトペッパーを加えて味を調えます。冷蔵庫で約1時間置いて味をなじませます。

いかの下処理

いかは胴と足の間に手を入れ、わたと背骨を抜き取ります。

わたは切り落とし、エンペラ、胴、足に分けます。

汁物　ふきのみそ汁

置戸町では、春の終わりに採ったふきを塩蔵して、年間を通じて給食に使います。香りの良いふきのみそ汁は、子どもたちに伝えたいふるさとの味です。

材料〈4人分〉

A　煮干し（いりこ・あじ）だし汁…… 300cc
A　厚削りだし汁……………… 300cc
ふき水煮……………………………… 80g
小揚げ………………………………… 1枚
生しいたけ…………………………… 2枚
粉末しいたけ（P73参照、なくても可）… 小さじ1
みそ………………………………… 大さじ3弱

作り方

1. 鍋にAを合わせておきます。
2. ふきは軽くゆでてから3mm幅の小口切りにします。小揚げは湯通しして油抜きをし、縦半分にしてから3mm幅の細切りにします。
3. しいたけは石づきを取り、3mm幅の細切りにします。
4. 1に2と3を入れて煮ます。火が通ったら、粉末しいたけとみそで調味します。

ふき水煮は、熱湯で軽く下ゆでするると余計な臭みが取れます。ひと手間かけておいしく仕上げましょう。

素材を生かす香り術

主食　ごはん
主菜　磯辺つくね
副菜　大根サラダ
汁物　オニオンスープ

風味の良い組み合わせで、
素材のおいしさを伝えたい。

＊この献立に使うおもな食材＊

鶏ひき肉・玉ねぎ・しょうが・卵・青のり・大葉・大根・きゅうり・にんじん・乾燥わかめ・エリンギ

※調味料は別途。詳しくは各レシピ紹介で解説しています。

主菜　磯辺つくね

鶏ひき肉は安価でボリュームの出る使い勝手の良い食材。味が淡泊なので組み合わせも自在です。ひき肉好きの子どもに新しい味を知ってほしくて、香りの良い磯辺つくねに。給食でももちろん好評ですよ。

材料〈4 人分〉

A	鶏ひき肉	240g
	玉ねぎ（みじん切り）	1/2 個
	パン粉	20g
	しょうが（すりおろし）	1/2 かけ
	溶き卵	小 1 個分
	塩	小さじ 1/4
	青のり	少々
サラダ油		小さじ 1
B	みりん	大さじ 1/2
	砂糖	大さじ 1/2
	しょうゆ	小さじ 2
	みそ	大さじ 1 強
	水	20cc
青のり		適宜
大葉		4 枚

作り方

1 ボウルに A の材料を入れ、粘りが出るまでよく練り合わせ、8 等分にして小判型にまとめます。

2 フライパンにサラダ油を引き、1 を入れて中火で焼きます。焼き目がついたら裏返し、ふたをして蒸し焼きにします。

3 小鍋に B を入れてよく混ぜながら火にかけ、とろみがついたら火を止めます。

4 焼き上がったつくねに 3 をかけ、青のりをまぶして大葉を添えます。

玉ねぎのみじん切りはできるだけ細かく。他の材料とよくなじみ、しっとりしたおいしいつくねに仕上がります。

つくねは、ハンバーグ風にまとめると火の通りが良く、子どもも食べやすくなります。

副菜　大根サラダ

副菜は、大根を主役に酸味のあるドレッシングで仕上げました。隠し味の辛子がピリッと利いて、シンプルながら奥行きのあるサラダです。

材料〈4 人分〉

大根	1/5 本
きゅうり	1 本
にんじん	1/10 本
塩	小さじ 1/4
乾燥わかめ	4g
A　砂糖	大さじ 1/2
A　しょうゆ	大さじ 1 強
A　りんご酢	大さじ 1 と 1/3
A　オリーブ油	大さじ 2/3
A　洋辛子（粉末）	少々

作り方

1　大根は短冊切り、きゅうりは縦半分にしてから 4mm 幅の斜め切り、にんじんは細切りにし、ボウルに材料を合わせて塩を振っておきます。

2　わかめは水で戻しておきます。

3　A の材料を混ぜ合わせてドレッシングを作り、水気を切った 1 と 2 を加えて和えます。冷蔵庫で約 30 分置いて味をなじませます。

汁物　オニオンスープ

玉ねぎは、主役にも脇役にもなる万能食材。汁物に迷ったら、冷蔵庫にある食材でこんな一品をどうぞ。玉ねぎの風味が生きて、ふんわりと香ります。

材料〈4 人分〉

玉ねぎ	小 1 個
にんじん	1/5 本
エリンギ	小 1 本
サラダ油	小さじ 1
コンソメ（顆粒）	小さじ 1 弱
水	600cc
A　塩	小さじ 1/3
A　ホワイトペッパー	少々

作り方

1　玉ねぎは薄切り、にんじんは細切りにします。エリンギは石づきを取って長さを 3 等分にしてから半分に割り、3mm 幅の短冊切りにします。

2　鍋にサラダ油を入れて玉ねぎを炒め、しんなりしたら、にんじん、エリンギを順に加えて炒めます。

3　野菜に火が通ったらコンソメを加えてさっと炒め、水を加えてひと煮立ちさせ、A を加えて味を調えます。

炒めている途中にコンソメを振り入れると、味が均等になじんで、おいしく仕上がります。

素材を生かす香り術

主食　ごはん
主菜　さばしょうがバター焼き
副菜　いかといんげんのみそ炒め
汁物　大根とえのきのみそ汁

魚には下味をしっかり、
だから香ばしい！
ごはんがすすむね。

＊この献立に使うおもな食材＊

生さば・しょうが・いか・いんげん・にんにく・大根・えのきだけ

※調味料は別途。詳しくは各レシピ紹介で解説しています。

主菜　さばしょうがバター焼き

さばなどの青魚は好き嫌いの分かれやすい食材。でも、しっかり下味をつければ青魚特有の臭みが消え、苦手な子でも食べやすくなります。しょうがとバターのにおいだけでごはんが食べられそう！

材料〈4人分〉

	生さば切り身	4切れ
A	みりん	小さじ2/3
A	酒	小さじ2
A	しょうゆ	大さじ1強
A	しょうが（すりおろし）	2かけ
	サラダ油	小さじ1
	バター	小さじ1
	レモン（くし形切り）	適宜

作り方

1 バットにAを入れてよく混ぜ合わせ、さばを加えて約15分置き、下味をつけます。

2 フライパンを熱してサラダ油を引き、1を身から中火で焼きます。焦げ目がついたら裏返して皮目も焼きます。

3 両面が焼けたら上にバターをのせてふたをし、3、4分蒸し焼きにします。焼き上がったら器に盛り、レモンを添えます。

さばを焼くときは、
つけ汁も一緒に入れちゃおう。
もっとおいしくなるよ。

下味をつけるときは、途中で裏返すと、味がムラなくしみ込みます。

さばを焼くときは中火で。下味がついているので、火が強すぎると焦げやすくなります。いいにおいがしたら裏返して、焼き加減をチェックしてみましょう。

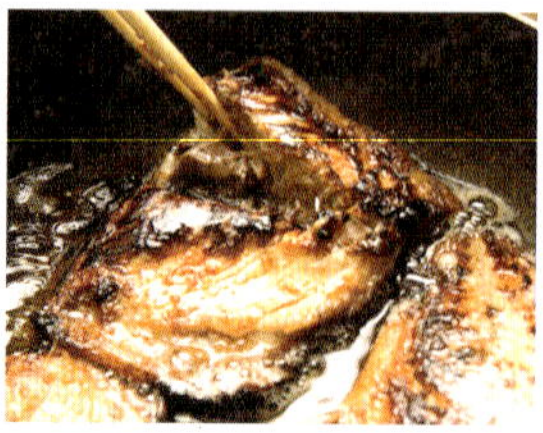

副菜　いかといんげんのみそ炒め

主菜と相性の良いおかずを考えたら、こんな居酒屋メニューになっちゃいました！　だから大人にも好評。甘みそ仕立てで、ごはんともよく合います。

材料〈4人分〉

	いか	1パイ
	いんげん	12本
	にんにく（みじん切り）	1/2かけ
	ごま油	小さじ1
A	砂糖	大さじ1
A	しょうゆ	大さじ1/2
A	みそ	大さじ1強
A	ホワイトペッパー	少々

作り方

1　いかは下処理をします（P33参照）。胴は皮をむかずに1cm幅の輪切りにし、足は長さを2～3cmに切ります。

2　いんげんは筋を取り、2、3等分の斜め切りにします。

3　フライパンにごま油とにんにくを入れて中火にかけ、香りが出たら2を加えて炒めます。火が通ったら1を加えてさらに炒めます。

4　いかの色が変わったら、混ぜ合わせたAを入れて味つけをします。

！　いかを加えて炒めたら、火を通しすぎないのがポイント。いんげんのシャキシャキ感を残すためにも手早く仕上げましょう。

汁物　大根とえのきのみそ汁

和風でまとめた献立ですが、おかず2品がこってり系なので、みそ汁の具材はあっさりと。大根は切り方をいろいろ試すと、食感の変化が楽しめます。

材料〈4人分〉

A	煮干し（いりこ・あじ）だし汁	300cc
A	厚削りだし汁	300cc
	大根	1/10本
	えのきだけ	1/2束
	粉末しいたけ（P73参照、なくても可）	小さじ1
	みそ	大さじ3弱

作り方

1　Aのだし汁を合わせておきます。

2　大根は短冊切りにし、えのきだけは石づきを取って長さを半分に切ります。

3　1に2を入れて煮ます。大根が軟らかくなったら粉末しいたけとみそで調味します。

素材を生かす香り術

主食　ごはん
主菜　さんまの香味焼き
副菜　ふきの油炒め
汁物　里いものみそ汁

旬の魚をおいしくするなら、プラスひと手間が大事！

＊この献立に使うおもな食材＊

さんま・長ねぎ・大葉・しょうが・ふき・つきこんにゃく・長天・生しいたけ・里いも・まいたけ・生揚げ

※調味料は別途。詳しくは各レシピ紹介で解説しています。

主菜　さんまの香味焼き

さんまの旬には、給食でもシンプルな塩焼きを出します。でも、同じメニューを繰り返さないために、調理や味つけを毎回変えています。さんまの上に香味みそをのせたら、焼けるにおいが最高！

材料〈4人分〉

	さんま	4尾
	塩	小さじ1/4
A	長ねぎ（みじん切り）	1/5本
A	大葉（みじん切り）	1枚
A	しょうが（みじん切り）	1かけ
A	みりん	大さじ1/2
A	酒	大さじ1/2
A	みそ	大さじ1強

作り方

1 さんまは頭と内臓を取り除いて半分の筒切りにし、塩を振っておきます。

2 ボウルにAの材料を入れてよく混ぜ合わせ、香味みそを作ります。

3 1をグリルで焼き、8分目まで火が通ったら、2をのせて、軽く焦げ目がつくまで焼きます（片面焼きの場合は、裏返してからみそをのせて焼きます）。

さんまは頭と内臓を取り除き、筒状になるように真ん中から半分に切ります。洗ったあと、お腹の中までよく水気をふいて塩を振りましょう。

香味みそは最初からではなく、途中からのせます。魚にしっかり火が通ってから仕上げにみそを塗って焦がすのが、おいしく仕上げるコツです。

副菜　ふきの油炒め

主菜のさんまが軟らかい分、副菜は歯ごたえを感じられるメニューで。ふきが得意じゃない子もいるけれど、いろんな味を出すと徐々に食べ慣れてきます。

材料〈4人分〉

	ふき水煮	120g
	つきこんにゃく	80g
	長天	40g
	生しいたけ	4枚
	サラダ油	小さじ1
A	酒	大さじ1/2
A	みりん	大さじ1/2
A	砂糖	大さじ1/2
A	しょうゆ	大さじ2弱
	水	200cc

作り方

1. ふき水煮は軽く下ゆでし、2cm幅に切ります。つきこんにゃくも軽くゆでて3～4cmの長さに切ります。
2. 長天は、長さを半分にして3mm幅に切ります。しいたけは石づきを取り、かさ、軸を3mm幅に切ります。
3. フライパンにサラダ油を引いてふきを炒め、こんにゃく、長天、しいたけを順に加えて炒めます。
4. 3にAを順に入れてから水を加え、中火でほぼ汁気がなくなるまで煮ます。

ふきが軟らかくなるまでしっかり煮ることで味もよくしみ込み、おいしく仕上がります。

汁物　里いものみそ汁

副菜のふきと対照的な食感にしたくて、ふわふわした里いもを具材にしました。ゆでたあとにしっかり水洗いすると、全体にぬめりが移らず、おいしく仕上がります。

材料〈4人分〉

A	煮干し（いりこ・あじ）だし汁	300cc
A	厚削りだし汁	300cc
	里いも	2個
	まいたけ	1/5パック
	生揚げ	40g
	粉末しいたけ（P73参照、なくても可）	小さじ1
	みそ	大さじ3弱

作り方

1. Aのだし汁を合わせておきます。
2. 里いもは皮をむいて一口大の乱切りにし、軽くゆでます。ゆで上がったら水で洗ってぬめりを取ります。
3. まいたけは石づきを取って小房に分けます。生揚げは厚みを半分にし、さらに縦半分にしてから5mm幅の短冊切りにします。
4. 1に2と3を加えて煮ます。火が通ったら、粉末しいたけとみそで調味します。

里いもはゆでてから水洗いし、ぬめりを取って加えましょう。

素材を生かす香り術

主食　ごはん
主菜　鮭のジャンジャン揚げ
副菜　白菜といんげんのゆずこしょう和え
汁物　どさんこ汁

揚げると、ごまが香ります。こんな食べ方も楽しい！

＊この献立に使うおもな食材＊

生鮭・えのきだけ・キャベツ・長ねぎ・白菜・いんげん・にんじん・パプリカ・じゃがいも・玉ねぎ・もやし・ホールコーン・しょうが・にんにく

※調味料は別途。詳しくは各レシピ紹介で解説しています。

主菜　鮭のジャンジャン揚げ

北海道でおなじみの「鮭のちゃんちゃん焼き」をヒントにしました。焼かずに揚げてみたら、ちょっと面白い味に。衣をつけて揚げた料理は子どもの好物なので、魚が苦手な子でも、香りにつられて食べられるようです。

材料〈4 人分〉

生鮭切り身……………………………… 4切れ
A 酒……………………………… 大さじ 1/2
A 塩……………………………… 小さじ 1/3
B 小麦粉……………………………………… 20g
B 白いりごま………………………… 大さじ 1
サラダ油………………………………………… 適量
えのきだけ……………………………… 1/2 束
キャベツ………………………………… 葉 2 枚
長ねぎ…………………………………… 1/5 本
C みそ……………………………… 大さじ 1/2
C しょうゆ………………………… 大さじ 1/2
C 砂糖……………………………… 大さじ 1/2
C みりん…………………………… 大さじ 1/2
サラダ菜………………………………………… 適宜

作り方

1　鮭は A で下味をつけ、約 30 分置きます。

2　よく混ぜ合わせた B を 1 にまぶし、180℃に熱した油できつね色に揚げます。

3　えのきだけは石づきを取って長さを半分に切り、キャベツは 1 枚を 3 等分してから 1cm 幅に切ります。長ねぎは小口切りにします。

4　鍋に C の材料を入れてよく混ぜながら加熱します。温まったらえのきだけ、キャベツ、長ねぎの順に加え、しんなりするまで煮ます。

5　器にサラダ菜を敷いて 2 を盛り、4 の野菜だれをかけます。

衣はすき間なく
ぎゅっと押しつける
ようにすると
いいんですね。
いつまでも衣を
触っているとベタベタに
なっちゃう。
手早くつけるのがコツ!

野菜だれのキャベツはシャキシャキ感が残る程度に火を通します。加熱しすぎるとクタクタになるので注意しましょう。

副菜　白菜といんげんのゆずこしょう和え

季節の野菜を、ゆずこしょうドレッシングで和えました。主菜と汁物が重めの味なので、副菜は爽やかに。こういうメリハリがおいしさを引き立てます。

材料〈4人分〉

白菜…………………………………………葉2枚
いんげん……………………………………4本
にんじん……………………………………1/10本
パプリカ（お好みの色）…………………1/8個
A
- ぽん酢……………………………大さじ3/4
- 砂糖………………………………大さじ1/2
- ゆずこしょう……………………小さじ1/2

作り方

1　白菜は1枚を縦半分にしてから1cm幅に切ります。いんげんは筋を取って1cm幅の斜め切りにし、にんじんは細切りにします。パプリカは種を取って、3mm幅の斜め切りにします。

2　1の材料をそれぞれ下ゆでし、ざるにあげて冷ましておきます。

3　ボウルにAを入れて混ぜ合わせ、よく水気を切った2を加えて和えます。

白菜は水分が多いので、下ゆでの後、ぎゅっと水気を絞ってから加えると、水っぽくならずにおいしく仕上がります。

汁物　どさんこ汁

じゃがいもなどの根菜を入れた具だくさんスープ。みそラーメンのような味です。しょうがとにんにくのパンチが利いて、主菜の鮭にもよく合います。

材料〈4人分〉

じゃがいも…………………………………1/2個
玉ねぎ………………………………………1個
にんじん……………………………………1/10本
煮干し（いりこ・あじ）だし汁…………600cc
もやし………………………………………40g
ホールコーン………………………………80g
しょうが（すりおろし）…………………1かけ
にんにく（すりおろし）…………………1/2かけ
みそ…………………………………………大さじ3弱

作り方

1　じゃがいもは皮をむいて乱切りにし、水にさらしておきます。玉ねぎはくし形に切り、にんじんは薄いいちょう切りにします。

2　鍋にだし汁とじゃがいもを加えて煮ます。軟らかくなったら、にんじん、玉ねぎを順に加えて煮ます。

3　玉ねぎが軟らかくなったら、もやし、コーン、しょうが、にんにくを順に加えます。ひと煮立ちさせ、みそを溶き入れて調味します。

野菜は火の通りにくいものから順に入れましょう。バットに並べておくと手順がスムーズです。

見えないところこそ、手を抜かずに。

きれいな味に仕上げるコツ。

★皮むき

野菜の皮むきに関しては、私はちょっとウルサイです(笑)。皮をむく料理なら、しっかりむき残しのないようにしないと雑味の原因になり、仕上がりに影響するからです。ただし、皮は栄養価が高いので、彩りを考えてさつまいもを皮つきのまま使う料理【P66参照】もあります。その場合は硬い部分や傷んだ部分をしっかり取り除いて使いましょう。

皮つきを生かした料理もある

★下ゆで

ふきやたけのこの水煮は、軽く下ゆでをすることで余計な臭みが取れます。また、和え物に使うちくわなども、同じようにさっと下ゆでをすると、味のなじみ加減が良くなります。

ふきの下ゆで

★油抜き

小揚げや生揚げの下処理には、油抜きをしましょう。熱湯にさっとくぐらせて湯通ししたり、表面を洗ったりすると、表面の酸化した油が湯に溶け出して油抜きができます。このひと手間をかけるだけで、味がなじみやすくなります。

生揚げの油抜き

★アク抜き・アク取り

私はごぼうをよく使いますが、切ってから水にさらす、いわゆる「アク抜き」はしません。ごぼうをさらしたときの黒っぽい液はポリフェノールで、せっかくの栄養分が逃げてしまうからです。日本料理でごぼうをアク抜きするのは白さを出すためで、こういう場合なら水にさらします。

また、煮物やスープなど具材を煮込む料理の場合、沸騰すると最初に茶色い泡のようなものが出てきます。これは苦みや生臭さなどの雑味につながるので、アクとして取り除きましょう。ただしその後に出てくる白いきれいな泡は、甘みやおいしさにつながるものなので、アクではありません。実際に味見をして、その違いを確かめるといいでしょう。

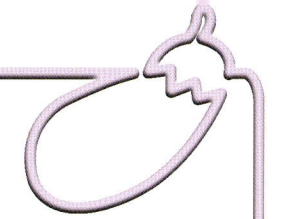

肉・魚には、しっかり下味を。

給食で肉や魚を使うときには、料理の仕上がりを考えて、必ず下味をつけています。こうすることで肉や魚の臭みが取れ、うまみを引き出すことができるからです。

特に魚をあまり食べない子の場合、「魚臭さが嫌い」ということがありますが、そういうときこそ " 下味マジック " を試してみてください。表面だけでなく、しっかり中まで味をつけるには 30 分ぐらい置くことが必要です。

また、豚肉や鶏肉も同じです。私は給食で鶏むね肉をよく使いますが、理由は脂肪分が少なくヘルシーだから。「鶏むね肉は火を通すと硬くなるから……」と敬遠するお母さんもいますが、下味をしっかりつければ大丈夫ですよ。

さばの下味つけ

肉・魚に下味をつけることで、余計な調味料をドボドボと入れずに済みます。また、かんだときにジュワッと汁のおいしさが広がり、表面の味とはまた違う奥行きを感じさせることができます。

「だし」こそ、味の決め手！

だしは大切です。置戸町の給食では、みそ汁のだしに、かつお厚削り、煮干し（いりこ・あじ）、粉末しいたけの 4 種だしを使っています。

だしがおいしいと具材の味も生きて、おいしいみそ汁になります。みそは、3 年熟成の手作りみそを市販のみそと合わせて使っています。

★だしの取り方

ここでは、厚削りでだしの取り方を説明します。煮干しだしも手順は同じです。

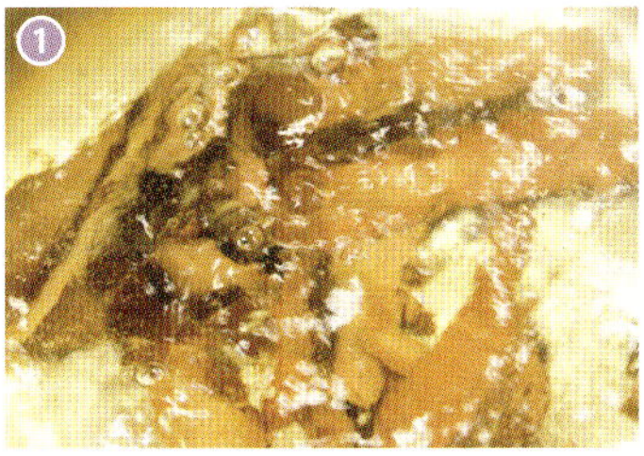

鍋に水と厚削りを入れてしばらく置きます（水 600cc に厚削り 10g を目安に）。そのまま火にかけて沸騰したら、中火で 30 分ぐらい煮出します。

火を止めて 10 分ほど置き、厚削りが底に沈むのを待ちます。

厚削りを取り出します。

※だし汁は一度に 2 リットルぐらい作って容器に入れ、冷蔵庫で保存すれば約 1 週間持ちます。

★合わせだし

複数のだしを使うときは、別々にだしを取ってあとで合わせるか、同じ鍋で水につけてから煮出します。

見た目で食欲アップ！

主食　**桜えびとたけのこの混ぜごはん**
副菜　**いり玉ごま和え**
汁物　**なめこと豆腐のみそ汁**

食卓に、春が来たみたい。お弁当にもいいですよ。

＊この献立に使うおもな食材＊

たけのこ・桜えび・鶏むね肉・ほうれんそう・白菜・卵・なめこ・もめん豆腐

※調味料は別途。詳しくは各レシピ紹介で解説しています。

主食　桜えびとたけのこの混ぜごはん

置戸町の給食では、春に出すメニュー。桜えびのピンク色が目を引くので、子どもたちも「わぁっ！」と喜んでくれます。お誕生日などのお祝いにはもちろん、お弁当にもおすすめですよ！

材料〈4人分〉

A	米	2合
A	だし昆布（2cm幅）	10cm
	たけのこ水煮	160g
	桜えび	20g
	鶏むね肉	100g
	サラダ油	大さじ1
B	みりん	小さじ2/3
B	砂糖	大さじ1/2
B	しょうゆ	大さじ2と1/4
	青のり	少々

作り方

1. Aでだし昆布入りごはんを炊きます（写真参照）。水加減は少なめにします。
2. たけのこ水煮は軽く下ゆでし、細切りにします。桜えびはひたひたの水につけておきます（つけ汁は使うので取っておく）。鶏肉は1cm幅にしてから薄切りにします。
3. 鍋にサラダ油を引いて鶏肉を炒め、肉に火が通ったら、たけのこと桜えびをつけ汁ごと入れてひと煮立ちさせます。Bを順に入れて調味し、汁気が少し残る程度に煮ます。
4. ごはんが炊けたら、昆布を取り出して細切りにし、3に入れて混ぜ合わせます。
5. ごはんに4を汁ごと加えて手早く混ぜ合わせ、食べる直前に青のりを振りかけます。

だし昆布入りごはん

ごはんを炊くときに、だし昆布を中に押し込むように入れるだけ。和風の混ぜごはんによく合います。

鶏肉は筋や血合い、余分な脂を取り除くことで、食感も良くおいしく仕上がります。

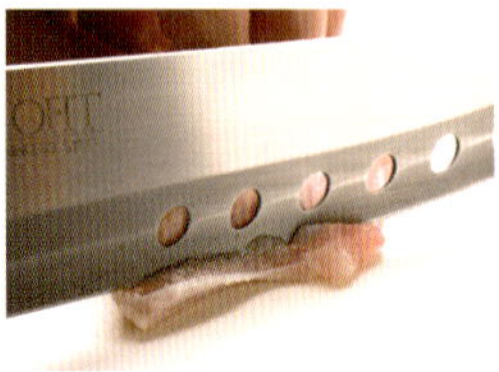

ごはんに味がよくなじむよう、具材の汁はこれくらい残すといいでしょう。

副菜　いり玉ごま和え

緑黄色野菜をもっと食べてほしいと思って作りました。ほうれんそうの緑色に、いり卵の黄色がキレイでしょ。ほんのり甘い卵とごまがコクを出しています。

材料〈4人分〉

ほうれんそう	1把
白菜	葉2枚
卵	2個
塩	少々
サラダ油	少々
A 砂糖	大さじ1と1/3
A しょうゆ	大さじ1強
A 白すりごま	大さじ2と1/4
A 黒いりごま	小さじ2/3
塩	少々

作り方

1 ほうれんそうは2cm幅に切り、白菜は縦半分にしてから2cm幅に切ります。それぞれゆでてからざるにあげ、粗熱が取れたらよく水気を絞っておきます。

2 ボウルに卵を溶き、塩を加えて混ぜ合わせます。サラダ油を薄く引いたフライパンでいり卵を作り、冷ましておきます。

3 ボウルにAの材料を入れて混ぜ合わせ、1と2を加えて和えます。好みで塩を加えて味を調えます。

いり卵を作るときには、菜箸を4本使ってかき混ぜながら作ると、きめの細かい仕上がりになります。

汁物　なめこと豆腐のみそ汁

副菜に葉物野菜を使っているので、みそ汁は他とダブらない具材にしました。豆腐は小さすぎず、大きすぎず。なめこと同じくらいの存在感が出るように。

材料〈4人分〉

A 煮干し（いりこ・あじ）だし汁	300cc
A 厚削りだし汁	300cc
なめこ	80g
もめん豆腐	1/3丁
粉末しいたけ（P73参照、なくても可）	小さじ1
みそ	大さじ3弱

作り方

1 Aのだし汁を合わせておきます。

2 なめこはさっと洗い、豆腐は1cm角に切ります。

3 1に豆腐を入れてひと煮立ちさせます。なめこを加えて火が通ったら、粉末しいたけとみそで調味します。

見た目で食欲アップ！

主食　いなきびごはん
主菜　鶏のから揚げ彩り和え
副菜　もやしのソース炒め
汁物　じゃがいものクリームスープ

カラフルな野菜を使うと、食欲がわいてきます。

＊この献立に使うおもな食材＊

鶏むね肉・パプリカ・グリーンアスパラ・エリンギ・たけのこ・長ねぎ・いなきび・もやし・じゃがいも・玉ねぎ・ホールコーン・牛乳・スキムミルク・クリームチーズ

※調味料は別途。詳しくは各レシピ紹介で解説しています。

主菜　鶏のから揚げ彩り和え

実はこのメニュー、肉より野菜をたっぷり食べてほしくて作ったもの。子どもが大好きな鶏のから揚げに、色とりどりの野菜を和えました。野菜だけ出すと食べない子でも、こうすれば食べてくれるから不思議です。

材料〈4 人分〉

	鶏むね肉	120g
A	塩	小さじ 1/3
A	ホワイトペッパー	少々
	パプリカ（赤・黄）	各 1/4 個
	グリーンアスパラ	4 本
	エリンギ	2 本
	たけのこ水煮	80g
B	小麦粉	大さじ 1 と 1/3
B	片栗粉	大さじ 1 と 1/3
	サラダ油	適量
C	長ねぎ（小口切り）	1/5 本
C	砂糖	大さじ 1/2
C	りんご酢	大さじ 1 と 1/3
C	しょうゆ	大さじ 1 弱
C	ごま油	大さじ 1
C	厚削りだし汁	100cc

作り方

1. 鶏肉は一口大に切り、A で下味をつけて約 30 分置きます。
2. パプリカは種を取って短冊切り、アスパラははかまを取って 5mm 幅の斜め切り、エリンギは短冊切りにし、それぞれさっとゆでて、ざるにあげておきます。たけのこ水煮はゆでてから短冊切りにします。
3. B を混ぜ合わせて 1 にまぶし、180℃に熱した油で揚げます。
4. 鍋に C の材料を入れ、ひと煮立ちさせて火を止めます。
5. ボウルに 2、3、4 を入れてよく和えます。

B の衣は、しっとり感を出す小麦粉、サクッとさせる片栗粉を合わせて、両方の食感を生かすのがポイントです。

主食　いなきびごはん

いなきびは、置戸町の隣まち・訓子府町のコメ農家さんが丁寧に作ってくれたもの。「黄色いプツプツ、なあに？」って子どもに興味を持ってほしいです。

材料〈4 人分〉

米	2 合
いなきび	30g

作り方

1. 米を洗っていなきびを入れ、通常の水加減でごはんを炊きます。

副菜　もやしのソース炒め

「もう一品ほしいな」というときに便利なサブおかず。もやしが主役なので、ひげを取って雑味を少なく。しょうゆを隠し味に使うと、全体の味がしまります。

材料〈4人分〉

もやし……………………………… 200g
サラダ油…………………………… 大さじ2/3
A ┌ 中濃ソース…………………… 大さじ2/3
　│ ウスターソース……………… 大さじ2/3
　└ しょうゆ……………………… 小さじ1

作り方

1　もやしはひげを取ります。

2　フライパンにサラダ油を引いて、1を強火で炒め、Aを順に加えて調味します。

！　もやしは強火でさっと炒めて、シャキシャキ感を残すのがポイント。ひげを取ることで食感も良く仕上がります。ひげ取りは一人でするよりも、家族で一緒にすると、負担にならずに楽しくできます。

汁物　じゃがいものクリームスープ

献立のまとまりを考え、洋風のスープにしました。乳製品は気持ちを落ち着かせる働きがあります。スライスしたじゃがいもの食感がスープによく合います。

材料〈4人分〉

じゃがいも………………………… 小1個
玉ねぎ……………………………… 小1個
ホールコーン……………………… 80g
バター……………………………… 大さじ2/3
コンソメ（顆粒）………………… 小さじ1
水…………………………………… 適量
A ┌ 牛乳…………………………… 200cc
　│ スキムミルク………………… 20g
　└ クリームチーズ……………… 20g
B ┌ 塩……………………………… 小さじ1/3
　└ ホワイトペッパー…………… 少々

作り方

1　じゃがいもは皮をむいて5mm幅の薄切りにし、水にさらしておきます。玉ねぎは薄切りにします。

2　鍋にバターを加えて熱し、玉ねぎを加えてよく炒めます。しんなりしてきたらコンソメを入れて炒めます。

3　2にじゃがいもとコーンを加えて炒め、ひたひたの水を入れて中火で煮ます。

4　Aを合わせてミキサーにかけます。

5　じゃがいもが煮えたら、4を流し入れてひと煮立ちさせ、Bで調味します。

ポタージュではないので、じゃがいもの形を残すように。火を通しすぎないことがポイントです。

見た目で食欲アップ！

主食　押し麦ごはん
主菜　ケチャップ甘酢炒め
副菜　かぼちゃのごま煮
汁物　わかめと野菜のスープ

子どもの好きな味つけで、
野菜嫌いも忘れそう。

＊この献立に使うおもな食材＊

豚ロース肉・玉ねぎ・しめじ・ピーマン・押し麦・かぼちゃ・乾燥わかめ・大根・長ねぎ

※調味料は別途。詳しくは各レシピ紹介で解説しています。

主菜　ケチャップ甘酢炒め

子どもはケチャップ味が好きですね。赤いソースが絡んでいると、野菜が苦手な子も抵抗なく箸をつけてくれます。この料理はポークチャップをヒントに作ったので、ロース肉を使用。肉と一緒に、野菜をたっぷりどうぞ。

材料〈4 人分〉

豚ロース肉……………………………… 240g

A［酒……………………………… 大さじ 2/3
　 しょうゆ………………………… 小さじ 1

玉ねぎ……………………………… 1/2 個

しめじ……………………………… 1 パック

ピーマン…………………………… 2 個

サラダ油…………………………… 小さじ 1

B［砂糖……………………… 大さじ 1 と 1/3
　 ケチャップ………………… 大さじ 4 と 1/2
　 しょうゆ…………………… 大さじ 2 弱
　 米酢………………………… 大さじ 1/2

C［片栗粉…………………………… 大さじ 1
　 水………………………………… 大さじ 2

作り方

1　豚肉は一口大に切り、A で下味をつけて約 30 分置きます。

2　玉ねぎはくし型に切り、しめじは石づきを取って小房に分けます。ピーマンは種つきのまま縦 6 等分にします。

3　フライパンにサラダ油を熱して 1 を炒め、玉ねぎ、しめじを加え、火が通ったらピーマンを加えます。

4　B を順に加えて味を調え、C の水溶き片栗粉でとろみをつけます。

水溶き片栗粉を加えたらよくかき混ぜて、ふつふつするまでしっかり火を通すこと。ダマにならずにきれいなとろみが長持ちします。

主食　押し麦ごはん

雑穀を入れたごはんは、置戸町の給食でわりとよく作ります。見た目で新鮮さを出すのも、子どもたちが飽きずに食べる大事なポイントです。

材料〈4 人分〉

米……………………………………… 2 合

押し麦………………………………… 15g

作り方

1　米を洗って押し麦を入れ、通常の水加減でごはんを炊きます。

副菜　かぼちゃのごま煮

「かぼちゃは料理が大変そう」と敬遠されがちですが、わりと短時間でおいしく作れるのがこの料理。家庭でも、かぼちゃの味を教えてあげてください。

材料〈4 人分〉

かぼちゃ………………………………………… 200g
A ┌ みりん…………………………… 大さじ 1/2
　│ 砂糖……………………………… 大さじ 2 強
　│ しょうゆ………………………… 大さじ 1 強
　└ 水………………………………… 50 ～ 100cc
白いりごま……………………… 大さじ 1 と 1/3

作り方

1　かぼちゃは 3cm 角に切ります。
2　鍋に A を入れ、1 を皮を下にして並べます。
3　中心に穴を開けたアルミホイルを上からかぶせて火にかけ、汁気がなくなるまで煮ます。
4　かぼちゃに竹串を刺し、中まで軟らかくなったら、ごまを加えて混ぜ合わせます。

かぼちゃは皮を下にして煮ると、煮くずれせずにきれいに仕上がります。

アルミホイルを使って落としぶたをすることで加熱ムラがなくなり、味も均一になります。

汁物　わかめと野菜のスープ

主菜・副菜とも濃い目の味なので、スープはあっさり系にしました。具材はシンプルですが、鶏がらのだしが利いて、奥深い味を出してくれます。

材料〈4 人分〉

乾燥わかめ……………………………………… 4g
大根…………………………………………… 1/10 本
長ねぎ………………………………………… 1/5 本
水……………………………………………… 720cc
A ┌ 鶏がらスープのもと……………… 小さじ 1
　└ コンソメ（顆粒）………………… 小さじ 1/4
B ─ 塩、ホワイトペッパー……………… 各少々

作り方

1　わかめは軽く水で戻し、すぐにざるにあげます。
2　大根はいちょう切り、長ねぎは斜め薄切りにします。
3　鍋に湯を沸かし、A を入れてスープを作り、大根を入れて煮ます。
4　大根に火が通ったら、わかめ、長ねぎを入れてひと煮立ちさせ、B で味を調えます。

見た目で食欲アップ！

主食　里の味ごはん
副菜　小松菜とコーンのごま風味和え
汁物　おからのみそ汁

鮮やかな色づかいで、旬の野菜をたっぷり！

＊この献立に使うおもな食材＊

さつまいも・にんじん・ごぼう・干ししいたけ・小揚げ・鶏むね肉・小松菜・ホールコーン・おから・長ねぎ

※調味料は別途。詳しくは各レシピ紹介で解説しています。

主食　里の味ごはん

皮つきのさつまいも、断面がキレイでしょ。秋に出す人気メニューの一つで、みそ味の混ぜごはん。子どもたちはモリモリ食べてくれます。野菜たっぷりのごはんなので、食の細い子も楽しんで食べられるみたい。

材料〈4 人分〉

A	米	2 合
A	だし昆布（2cm 幅）	10cm
	さつまいも（皮つき）	1/2 本
	にんじん	1/10 本
	ごぼう	1/5 本
	干ししいたけ	2 枚
	小揚げ	1 枚
	鶏むね肉（薄切り）	40g
	サラダ油	大さじ 1
B	水（干ししいたけの戻し汁と合わせて）	250cc
B	みりん	大さじ 1/2
B	砂糖	大さじ 1/2
B	しょうゆ	大さじ 1/2
B	みそ	大さじ 1

作り方

1 A でだし昆布入りごはんを炊きます【P54 参照】。水加減は少なめにします。

2 さつまいもはさいの目に切り、にんじんは細切り、ごぼうはささがきにします。干ししいたけは水で戻して細切りにし、戻し汁は取っておきます。

3 小揚げは熱湯にくぐらせて油抜きをしてから、縦半分にして 3mm 幅に切ります。

4 鍋にサラダ油を熱して鶏肉を炒めます。ごぼう、さつまいも、にんじん、干ししいたけ、小揚げを順に入れて炒め、B を加えて汁気が少し残る程度まで煮ます。

5 ごはんが炊けたら、昆布を取り出して細切りにし、4 に加えて混ぜ合わせます。

6 ごはんに 5 を汁ごと加え、手早く混ぜ合わせます。

さつまいもは、皮つきのほうが栄養価が高く、彩りも良いです。硬い部分や傷んだ部分を取り除いて、皮も一緒に食べましょう。

ごはんに具材を入れるときは、まず汁をかけて、少しなじませてから具を加えて混ぜると、よく味がなじみます。

副菜　小松菜とコーンのごま風味和え

混ぜごはんとダブらない食材を使って、相性の良い和え物を作りました。コーンは彩りに便利！　すりごま、いりごまのダブル使いがおいしさの秘密です。

材料〈4人分〉

	小松菜	1把
	にんじん	1/10本
A	砂糖	大さじ1/2
A	りんご酢	大さじ1/2
A	しょうゆ	大さじ1/2
A	白すりごま	大さじ1
A	白いりごま	小さじ2/3
	ホールコーン	80g
	塩	少々

作り方

1　小松菜は2cm幅に切り、にんじんは5mm角に切ります。

2　1をそれぞれゆでて冷まし、粗熱が取れたら小松菜は水気をしっかりと絞っておきます。

3　ボウルにAを入れて混ぜ合わせ、2とコーンを加えて和えます。塩で味を調えます。

白ごまは、すりごまといりごまのダブル使いを。ごまの風味と食感の両方を楽しめます。
左：白すりごま、右：白いりごま

汁物　おからのみそ汁

ごはんもおかずも具だくさんなので、みそ汁はぐっとシンプルに。おからを使うのって面白いでしょ？　カプチーノみたいに、ほんのりと優しい味わいです。

材料〈4人分〉

A	煮干し（いりこ・あじ）だし汁	300cc
A	厚削りだし汁	300cc
	おから	40g
	長ねぎ	1/10本
	粉末しいたけ（P73参照、なくても可）	小さじ1
	みそ	大さじ3弱

作り方

1　Aのだし汁を合わせておきます。

2　1におからを入れてひと煮立ちさせます。長ねぎの小口切りを加え、粉末しいたけとみそで調味します。

おからを入れてひと煮立ちさせると、ふわっとおいしくなります。

見た目で食欲アップ！

主食　ごはん
主菜　なすと鮭のねぎみそ焼き
副菜　ひじきのマリネ
汁物　すりみとシャキシャキじゃがいものすまし汁

ワクワクする顔が見たい！
開けて楽しいホイル焼き。

＊この献立に使うおもな食材＊

なす・生鮭・ホールコーン・長ねぎ・ひじき・大根・にんじん・ハム・すりみ・えのきだけ・じゃがいも

※調味料は別途。詳しくは各レシピ紹介で解説しています。

主菜　なすと鮭のねぎみそ焼き

ホイル焼きは給食の人気メニュー。魚臭くなく、でも鮭のおいしさを生かせる料理にしたくて、なすとコーン、ねぎみそを合わせました。和風だけど、オリーブ油とみそは新鮮な組み合わせ！　油が変わると味も変わります。

材料〈4人分〉

なす		小2本
オリーブ油		大さじ1/2
生鮭切り身		4切れ
塩		少々
ホールコーン		40g
バター		大さじ2/3
A	長ねぎ（みじん切り）	1/5本
	砂糖	大さじ1/2
	酒	大さじ1/3
	みそ	大さじ1強

作り方

1 なすは幅1cmの輪切りにし、オリーブ油を片面に振りかけます。鮭に塩を振って下味をつけておきます。

2 アルミホイルの内側にバターを塗り、鮭、なす、コーンを順にのせます。

3 Aの材料を混ぜ合わせてねぎみそを作り、2にのせてふんわりと包みます。

4 フライパンに3を並べてふたをし、中火で約15分蒸し焼きにします。

ホイルの包み方

❶ 大きめのホイルで魚をふんわりと包み、中に余裕を持たせて上部を折る。

❷ 両端を折りたたむ。

❸ 両端を軽く押さえ、底面を平らにする。

❹ 油を引かずにフライパンにのせて、火にかける。

なすと油はとても相性が良く、焼く前に油を振っておくことで、なすの風味とうまみが増します。

副菜　ひじきのマリネ

ひじきは鉄分が豊富で優秀な食材。煮物イメージや脇役扱いでは気の毒なので、サラダの主役にしてみました。ひじきに下味をつけるのがポイントです。

材料〈4人分〉

乾燥ひじき		12g
A	本みりん	大さじ1/2
A	酒	小さじ1
A	しょうゆ	大さじ1/2
大根		1/10本
にんじん		1/3本
ハム		2枚
B	塩	小さじ1/2弱
B	ホワイトペッパー	少々
B	りんご酢	大さじ1/2
B	サラダ油	大さじ2/3

作り方

1 ひじきは水で戻し、水気を切っておきます。

2 鍋にAの材料を入れて加熱し、1を加えて中火で汁気がなくなるまで煮ます。

3 大根、にんじん、ハムを細切りにし、それぞれ軽くゆでてざるにあげ、水気を切っておきます。

4 ボウルにBを入れて混ぜ合わせ、2と3を加えて和えます。冷蔵庫で約1時間置いて味をなじませます。

和え物のひじきは、下ゆでしておくと他の材料と味がよくなじみます。

！ 洋風のドレッシングには、りんご酢を使うと味がしまります。

汁物　すりみとシャキシャキじゃがいものすまし汁

ほっくり煮たじゃがいももおいしいけれど、火の通し方を変えると新鮮な味。シャキシャキ感を残したじゃがいもが、すりみのコクとよく合います。

材料〈4人分〉

すりみ（ほっけ、たらなど手に入りやすいもの）		120g
えのきだけ		1/2束
にんじん		1/10本
じゃがいも		1/2個
厚削りだし汁		600cc
A	酒	小さじ1
A	しょうゆ	大さじ1強
A	塩	小さじ1/2弱

作り方

1 えのきだけは石づきを取って半分に切り、にんじんとじゃがいもはそれぞれ細切りにします。じゃがいもは水にさらしておきます。

2 鍋にだし汁とにんじんを加え、ひと煮立ちさせてから、すりみをスプーンで一口大にすくい入れて煮ます。

3 すりみに火が通ったら、じゃがいもとえのきだけを加えてひと煮立ちさせ、Aを順に加えて味つけをします。

！ すりみは手に入りやすいもので良いですが、できるだけ具材の少ないシンプルなものがおすすめです。

調味料は、料理をおいしくする魔法です。

味わっておいしい本物の調味料を。

子どもの味覚を育てるのに欠かせないのが、きちんとした調味料です。置戸町の給食で使う調味料は、できるだけ天然に近い原料で作られ、そのまま口に入れてもおいしいものを厳選しています。

素材を生かすか殺すかは調味料で決まります。逆に調味料が良くないと、せっかくいい素材を使っていても仕上がりがおいしくならないのです。

「旬の素材」「だし」「調味料」は三位一体のもので、どれも欠かすことができません。塩やしょうゆは基本なのでもちろん大事ですが、みりんも酢も、分量は少なくても良いものを使わなければ味に影響してしまいます。

質の良い調味料は、安くて便利な化学調味料に比べて値段は高めですが、一度に少量使うだけで料理の味が違います。

調味料を買うときには、原料にどんなものが使われているかを確認する習慣をつけてほしいと思います。

「さしすせそ」で、料理をおいしく。

調味料を入れる順番には、ちゃんと意味があります。基本は「さしすせそ」。「さ」は砂糖、「し」は塩、「す」は酢、「せ」はしょうゆ（せうゆ）、「そ」はみそのことです。

砂糖を最初に入れるのは、甘みが素材に浸透するのが遅いから。先に味を含ませておくと同時に、あとで入れる他の調味料をしみ込ませやすくします。砂糖の代わりにはちみつを使う料理【P19参照】でも、甘みづけとして最初に使います。

塩は、下味で使うときには素材の水分を外に出したり、先に入れた甘みを強調したりする働きがあります。ただし、味見しながら料理の最後に使う塩は、仕上げの味を決める役割です。

酢、しょうゆ、みそは、早く入れると風味が飛んでしまうので、最後のほうに入れます。これ以外にも、オイスターソースやコチュジャンなど風味づけに使う調味料は最後にしましょう。

なお、酒と本みりんは、砂糖より先に入れます。

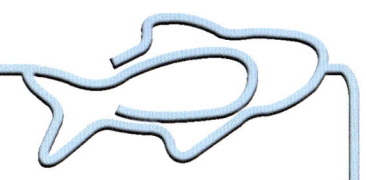

十美さんのおすすめ調味料

置戸町の給食で実際に使っている調味料（商品名／製造元）をご紹介します。

【砂糖】
上白糖（北海道糖業）

遺伝子組み換え原料を使わない、道産ビート100%の上白糖。幅広い料理の甘みづけに使える。

【純米酒】
千代之味（千代寿虎屋）など

副原料を使わず米・米こうじ・水だけで作られた純米酒がおすすめ。風味と後味が良いのが特長。

【本みりん】
福来純　本みりん三年熟成（白扇酒造）

副原料を含まない本みりんの中でも、三年熟成ものは香り・味が特に良く、料理を品良く仕上げてくれる。

【塩】
沖縄の塩シママース（青い海）

100%国産の自然塩がベストだが、毎日使うにはやや高価。置戸町の給食では、輸入岩塩を海水で戻し、まきで水分を蒸発させた再生塩を使っている。

【米酢】
富士酢（飯尾醸造）

京都丹後の山里で農薬を使わずに栽培した米を醪《もろみ》にし、一年がかりで発酵・熟成させる昔ながらの手法で造られた純米酢。

【りんご酢】
本格醸造りんご酢（壽屋漬物道場）

りんご酢は米酢より味が穏やかで、サラダなどの酸味づけに合う。この製品は100%りんご果汁で作られた三年熟成もの。

【ワイン】
おけとワイン赤・白（北海道ワイン）

ワインは下味づけや隠し味に便利。置戸町の給食では、地元のブドウで作られた「おけとワイン」を積極的に使っている。

【粉末しいたけ】
椎茸粉末（清水商事）

置戸町で栽培される菌床しいたけを乾燥させ、粉末にした調味料。みそ汁などの和風だしに使うと味が上品になる。

【はちみつ】
国産天然はちみつ・シナ蜜（菅野養蜂場）

置戸町の隣まち・訓子府町産のはちみつ。甘すぎず、高純度で澄んだ味が特長。サラダなどの甘みづけにおすすめ。

【クリームチーズ】
北海道日高クリームチーズ（北海道日高乳業）

安全でおいしいクリームフレッシュチーズ。乳製品ならではの豊かなコクがあり、なめらかで加熱しても分離しにくいのが特長。（業務用のみ）

食感の違いを楽しもう

主食　シーフードカレーピラフ
副菜　もやしとコーンのピーナッツ和え
汁物　わかめスープ

つぶつぶ、プチプチ。
いろんな味が楽しいね。

＊この献立に使うおもな食材＊

むきえび・ほたて貝柱・むきいか・ロースハム・玉ねぎ・にんじん・もやし・キャベツ・ホールコーン・乾燥わかめ・生しいたけ

※調味料は別途。詳しくは各レシピ紹介で解説しています。

主食　シーフードカレーピラフ

見た目はピラフだけど、混ぜごはんだから作り方は簡単。バターの香りがとてもいいんです。魚介類は、同じくらいの大きさでも食感が少しずつ違って、味わいが増します。シーフードミックスを使うと手軽ですよ。

材料〈4人分〉

むきえび	80g
ほたて貝柱（4つ割り）	40g
むきいか（短冊切り）	40g
塩	小さじ1/2弱
ロースハムスライス	2枚
玉ねぎ（薄切り）	1/2個
にんじん（細切り）	1/10本
バター	大さじ1
コンソメ（顆粒）	小さじ1弱
A　カレー粉	小さじ1
A　塩	少々
A　水	100cc
ごはん（硬めに炊いたもの）	2合分

作り方

1 えび、ほたて、いかに塩を振り、約30分置きます。

2 ハムは縦半分にしてから3mm幅に切ります。

3 フライパンにバターを入れて1を炒め、色が変わったら取り出しておきます。

4 3のフライパンに玉ねぎを加えてよく炒め、しんなりしたらコンソメを加えて炒めます。さらににんじんを加えて炒めます。

5 2と3を加えてさっと炒め、Aで調味します。

6 炊き上がったごはんに5を汁ごと加え、ごはんの色が均一になるように手早く混ぜ合わせます。

シーフードは塩を振ってしっかりと下味をつけることで、臭みが消え、うまみが増します。

! ごはんはいつもより硬めに炊くのがポイント。あとで具材を汁ごと混ぜるので、ちょうど良くなります。

副菜　もやしとコーンのピーナッツ和え

粉末ピーナッツとコーンは食感が新鮮で好相性！　おいしい甘みを出してくれます。もやしのシャキシャキ感を引き立て、子どもも楽しんで食べられます。

材料〈4人分〉

もやし		120g
キャベツ		葉2枚
A	粉末ピーナッツ	大さじ2と2/3
A	砂糖	大さじ2/3
A	しょうゆ	大さじ2/3
ホールコーン		60g

作り方

1　もやしはひげを取って軽く洗い、キャベツは2cm角のざく切りにし、それぞれ軽くゆでてから冷ましておきます。

2　ボウルにAを入れてよく混ぜ合わせ、1とコーンを加えて和えます。

粉末ピーナッツは、しょうゆと混ぜ合わせることで、よく味がしみるようになります。

汁物　わかめスープ

ごはんの風味に合わせ、洋風スープでシンプルな具材を選びました。玉ねぎの甘みがしいたけとよく合い、ふんわりと優しい味。体にしみるおいしさです。

材料〈4人分〉

乾燥わかめ		4g
生しいたけ		2枚
玉ねぎ		1/2個
オリーブ油		大さじ2/3
コンソメ（顆粒）		小さじ1弱
水		800cc
A	しょうゆ	大さじ1強
A	塩	小さじ1/2弱
A	ホワイトペッパー	少々

作り方

1　乾燥わかめは水で戻しておきます。しいたけは石づきを取って細切り、玉ねぎは薄切りにします。

2　鍋にオリーブ油と玉ねぎを入れてよく炒め、コンソメを振り入れてさらに炒めます。

3　しいたけ、わかめを加えてさっと炒め、水を入れてひと煮立ちさせ、Aを順に入れて調味します。

玉ねぎはオリーブ油でよく炒めると辛みが取れ、甘みとうまみが増します。

食感の違いを楽しもう

主食　ごはん
主菜　蒸し鶏の甘みそがけ
副菜　切干大根のごま和え
汁物　麩としめじのみそ汁

焼く、揚げるだけじゃない。
蒸し鶏のプリプリ食感！

＊この献立に使うおもな食材＊

鶏むね肉・しょうが・切干大根・もやし・小揚げ・豆麸・しめじ

※調味料は別途。詳しくは各レシピ紹介で解説しています。

主菜　蒸し鶏の甘みそがけ

鶏肉は給食でよく使いますが、蒸したおいしさはまた格別。プリプリ食感とふっくらジューシーな味を伝えたくて作りました。「鶏むね肉は硬い」と決めつけず、下味をつければふんわりと仕上がります。

材料〈4人分〉

	鶏むね肉	240g
A	酒	大さじ1/2
A	しょうが（すりおろし）	1/2かけ
A	塩	小さじ1/4
B	みそ	大さじ1強
B	みりん	小さじ2/3
B	砂糖	大さじ1と1/3
B	水	30cc
	サラダ菜、ラディッシュ	各適量

鶏肉は、表面がムラなく白くなり、竹串を刺して透明の肉汁が出てきたら蒸し上がりのサインです。

作り方

1　鶏肉は大きめの一口大に切り、Aで下味をつけて約30分置きます。

2　鍋にBを入れてよく混ぜ合わせてから火にかけ、ひと煮立ちしたら火を止めます。

3　1を蒸して器に盛り、2をかけてサラダ菜とラディッシュを添えます。

フライパンを使った簡易蒸し器

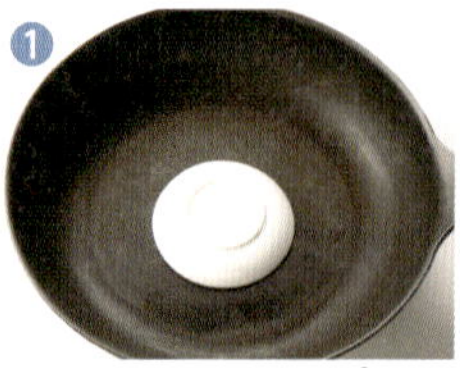

深さのあるフライパンの中央に、小皿を逆さにして置きます。

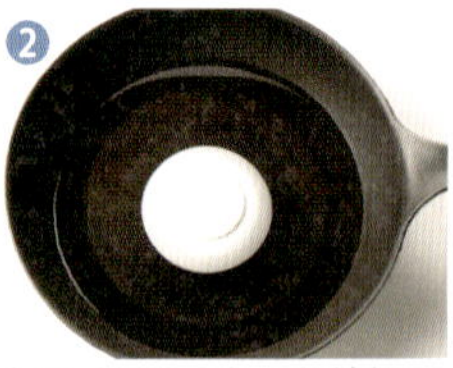

小皿より1cmほど低めに水を張り、火にかけます。

皿に鶏肉を並べて小皿の上に置きます。

鶏肉に水滴が落ちないよう、ふたをふきんで包んでかぶせます。

副菜　切干大根のごま和え

切干大根は炒め煮でおなじみですが、他にもいろんな食感を楽しめます。この和え物は、軟らかいだけでなく、コリッとした食感も味わえる一品です。

材料〈4人分〉

切干大根	12g
もやし	200g
小揚げ	2枚
A　白すりごま	大さじ1と1/3
A　しょうゆ	大さじ2/3
A　砂糖	大さじ1/2
塩	少々

作り方

1　切干大根は水で戻し、2cm幅に切ります。もやしはひげを取って、軽く洗います。

2　小揚げはさっとゆでて冷まし、幅を半分にしてから3mm幅に切ります。

3　1をそれぞれゆでて冷まし、水気をしっかり切ります。

4　ボウルにAを入れてよく混ぜ合わせ、2と3を加えて和え、塩で味を調えます。

切干大根は湯で戻す方法もありますが、水からじっくりと戻したほうがふっくらし、本来のうまみを生かせます。

汁物　麩《ふ》としめじのみそ汁

麩はふわふわした食感が楽しいですね。かむと、汁のおいしさが口に広がります。保存がきくので、いろんな食材と組み合わせて使ってみましょう。

材料〈4人分〉

A　煮干し（いりこ・あじ）だし汁	300cc
A　厚削りだし汁	300cc
豆麩	4g
しめじ	1/2パック
粉末しいたけ（P73参照、なくても可）	小さじ1
みそ	大さじ3弱

作り方

1　Aのだし汁を合わせておきます。

2　麩は水で戻し、しめじは石づきを切って小房に分けます。

3　1のだし汁でしめじを煮ます。火が通ったら、水気を絞った麩を加え、粉末しいたけとみそで調味します。

麩は水戻ししてから、よく水気を絞って加えましょう。そのまま加えるよりも戻りムラがなく、味のしみ込みも良くなります。

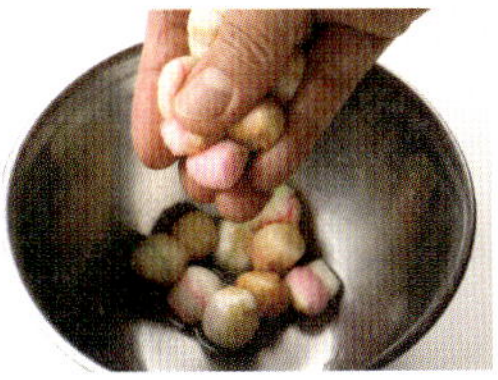

食感の違いを楽しもう

主食　黒米とれんこんの混ぜごはん
主菜　ふきとあさりの煮物
副菜　いんげんとさつまいもの揚げサラダ
汁物　玉ねぎのみそ汁

歯ごたえも、野菜のおいしさ。育ち盛りに食べてほしい。

＊この献立に使うおもな食材＊

黒米・れんこん・鶏むね肉・ふき・あさりむき身・いんげん・さつまいも・玉ねぎ・生しいたけ

※調味料は別途。詳しくは各レシピ紹介で解説しています。

主食　黒米とれんこんの混ぜごはん

黒米のつぶつぶ感に、れんこんのサクッとした食感を組み合わせました。シンプルな具材に鶏肉のコクがよく合います。ごはんを食べるたび、ほんのり塩味が口の中に広がって、思わずかみしめてしまいます。

材料〈4人分〉

米……………………………………………… 2合
黒米…………………………………………… 15g
れんこん水煮………………………………… 60g
鶏むね肉……………………………………… 80g
A ―塩、酒………………………………… 各少々
サラダ油………………………………… 小さじ1
B［塩……………………………… 小さじ1弱
　 酒……………………………… 大さじ3/4
白いりごま……………………………… 大さじ1/2

作り方

1. 炊飯器に洗った米と黒米を入れ、通常の水加減でごはんを炊きます。
2. れんこんは、軽く下ゆでしたあと、小さないちょう切りにします。
3. 鶏肉は薄切りにし、A を振って下味をつけ、約30分置きます。
4. フライパンにサラダ油を熱して 3 を炒め、肉の色が変わったら 2 を加えてさらに炒め、水50cc を加えて煮ます。れんこんが軟らかくなったら B を加えて調味します。
5. 炊き上がったごはんに 4 と白ごまを加え、手早く混ぜ合わせます。

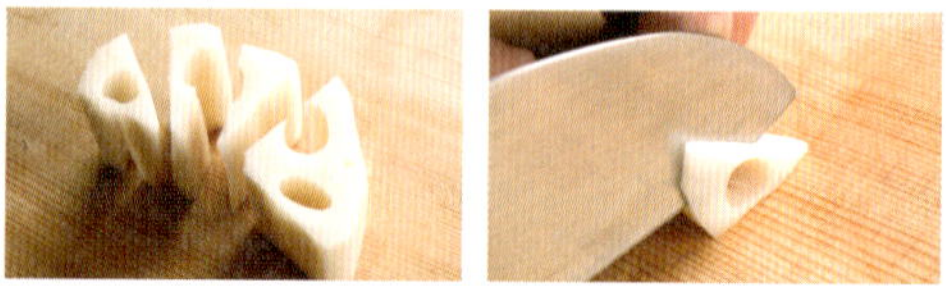

れんこんは半月切りを3、4等分にしてから薄く切り、小さないちょう切りにします。

主菜　ふきとあさりの煮物

バランスを考え、和風の主菜にしました。ごはんの具材とダブらないのもポイントです。ふきとあさりは、かむと煮汁のうまみがジュワーッと広がります。

材料〈4人分〉

ふき水煮……………………………………… 100g
あさりむき身………………………………… 100g
昆布だし汁…………………………………… 200cc
A［みりん…………………………… 大さじ1/2
　 砂糖……………………………… 大さじ1強
　 しょうゆ……………………… 大さじ1と1/3

作り方

1. ふき水煮は軽く下ゆでし、2cm 幅に切ります。あさりはさっとゆでます。
2. 鍋にだし汁を入れて沸かし、1 を加えて煮ます。
3. A を順に入れて調味し、汁気がなくなるまで弱火でじっくりと煮含めます。

! 一度冷ましたほうが味がしみておいしくなるので、時間のあるときに作り置きしておくのがおすすめです。

副菜 いんげんとさつまいもの揚げサラダ

いんげんが苦手な子も、素揚げするとよく食べてくれます。そこで、さつまいもと組み合わせて揚げサラダに。給食でも人気のメニューです。

材料〈4人分〉

	いんげん	30本
	さつまいも	1本
	サラダ油	適量
A	りんご酢	大さじ1/2
A	塩	少々
	ホワイトペッパー	少々

作り方

1. いんげんは筋を取り、長さを半分に切ります。さつまいもは皮つきのまま拍子木切りにします。
2. 170℃に熱した油で1を素揚げし、よく油を切っておきます。
3. ボウルにAを入れて混ぜ合わせ、2を加えて和え、ホワイトペッパーで味を調えます。

野菜は繊維の少ないもののほうが早く揚がります。先にいんげん、次にさつまいもの順で揚げましょう。

汁物 玉ねぎのみそ汁

玉ねぎは置戸町の特産品。「〇〇さんちの玉ねぎだよ」と言って、いろんな料理に使います。みそ汁に入れると甘みが引き立ち、子どもたちも大好きです。

材料〈4人分〉

A	煮干し（いりこ・あじ）だし汁	300cc
A	厚削りだし汁	300cc
	玉ねぎ	1/2個
	生しいたけ	2枚
	粉末しいたけ（P73参照、なくても可）	小さじ1
	みそ	大さじ3弱

作り方

1. Aのだし汁を合わせておきます。
2. 玉ねぎは薄切りにし、生しいたけは石づきを取って薄切りにします。
3. 1のだし汁で2の材料を煮ます。火が通ったら、粉末しいたけとみそで調味します。

玉ねぎは繊維に沿って薄切りにすることで、シャキシャキ感が残ります。

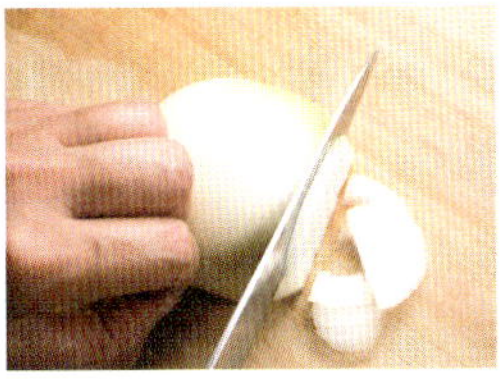

食感の違いを楽しもう

主食　ごはん
主菜　肉豆腐のマカロニグラタン
副菜　ごぼうの紅サラダ
汁物　大根スープ

ぷにぷに食感が新鮮！
ごはんによく合うグラタン。

＊この献立に使うおもな食材＊

シェルマカロニ・焼き豆腐・長ねぎ・豚ひき肉・卵・ごぼう・にんじん・大根・キャベツ

※調味料は別途。詳しくは各レシピ紹介で解説しています。

主菜　肉豆腐のマカロニグラタン

洋風に見えて、実はすき焼きみたいな味のグラタン。だから、ごはんによく合います。シェルマカロニの食感が新鮮で楽しいですよ！　真ん中の卵をほぐしながら食べると、マイルドな味に変化して、またおいしくなります。

材料〈4人分〉

シェルマカロニ		40g
焼き豆腐		1/3丁
長ねぎ		1/2本
豚ひき肉		150g
A	塩	小さじ1/2弱
	オリーブ油	少々
オリーブ油		大さじ1
B	しょうゆ	大さじ2/3
	みりん	大さじ1/2
水		50cc
卵		4個

作り方

1. マカロニは硬めにゆでておきます。
2. 焼き豆腐は1cm角、長ねぎは5mm幅の斜め切りにします。
3. ボウルにひき肉とAを入れてよく混ぜ合わせます。オリーブ油を熱したフライパンで炒め、Bで調味します。
4. 3に1と焼き豆腐を入れて炒め、味がなじんできたら長ねぎを加えてさらに炒めます。
5. 1人分ずつのグラタン皿に4を等分にして入れ、真ん中に卵を落とし入れます。180℃に温めておいたオーブンで約12分焼きます。

ひき肉に塩とオリーブ油で下味をつけておくことで、肉の臭みが取れ、味がまろやかになります。

ひき肉をしっかり炒めてから、マカロニと焼き豆腐を加えます。豆腐が崩れないように炒めます。

副菜　ごぼうの紅《くれない》サラダ

ごぼうの食感だけでなく、ドレッシングもおいしい一品。コチュジャンを使って、ちょっと辛みを出しました。子どもの舌を活性化させる冒険的な味です。

材料〈4人分〉

ごぼう	大1本
にんじん	1/4本
A ケチャップ	大さじ1
A みそ	小さじ2/3
A みりん	小さじ2/3
A コチュジャン	小さじ1/2
マヨネーズ	大さじ2と1/2
乾燥パセリ	少々
白いりごま	小さじ2/3

作り方

1 ごぼうとにんじんは、それぞれささがきにしてゆで、冷ましてからキッチンペーパーでよく水気を取っておきます。

2 鍋にAを入れて混ぜ合わせ、ひと煮立ちさせてから冷まします。

3 2が冷めたらマヨネーズを加えてよく混ぜ合わせ、1と乾燥パセリ、白ごまを加えて和えます。

3の工程で、温かいうちにマヨネーズを加えると分離しやすいので、完全に冷めてから入れましょう。

汁物　大根スープ

主菜・副菜ともしっかりめの味なので、スープは引き算の考え方であっさり系に。昆布とコンソメの和洋だしが、大根のおいしさを引き出します。

材料〈4人分〉

A 水	800cc
A だし昆布（2cm幅）	10cm
大根	1/5本
キャベツ	葉1枚
コンソメ（顆粒）	小さじ1/2弱
B 塩、ホワイトペッパー	各少々

作り方

1 Aでだしを取ります。だしを取ったあとの昆布は細切りにします。

2 大根は短冊切りにし、キャベツは2cm角のざく切りにします。

3 だし汁を沸かしてコンソメを入れてスープを作ります。2と細切り昆布を入れ、軟らかくなるまで煮ます。Bを加えて調味します。

だしは、鍋に水と昆布を入れて約1時間置いてから中火にかけ、沸騰直前に昆布を取り出します。

食感の違いを楽しもう

主食 **ごはん**
主菜 **ほっけのアーモンドフライ**
副菜 **豚肉と大根の甘みそ煮**
汁物 **たけのこと豆腐のすまし汁**

食感と香りのアーモンド。
魚の印象が変わるでしょ？

＊この献立に使うおもな食材＊

ほっけ・卵・アーモンド（粉末・ダイス）・キャベツ・
豚もも肉・大根・にんじん・干ししいたけ・ピーマン・
長ねぎ・しょうが・もめん豆腐・たけのこ・しめじ

※調味料は別途。詳しくは各レシピ紹介で解説しています。

主菜　ほっけのアーモンドフライ

ほっけのフライは普通なので、ちょっと遊び心を加えてみました。粉末とダイス、2種のアーモンドを使って食感と香りを出しています。子どもたちも大好きなメニュー。ピーナッツやごまを使ってアレンジしてもいいですよ！

材料〈4人分〉

ほっけ切り身…………………………… 4切れ
A
- 酒………………………………… 小さじ1/2
- 塩………………………………… 小さじ2/3
- ホワイトペッパー……………………… 少々

小麦粉……………………………………… 20g
溶き卵…………………………………… 1個分
B
- アーモンド（粉末・ダイス）……… 各20g
- パン粉…………………………………… 20g

サラダ油…………………………………… 適量
キャベツ（せん切り）………………… 葉4枚
レモン（スライス）…………………… 適宜

作り方

1　ほっけはAで下味をつけ、約30分置きます。

2　1に小麦粉、溶き卵、よく混ぜ合わせたBを順につけます。

3　180℃に熱した油で2をきつね色になるまで揚げます。よく油を切って器に盛り、キャベツとレモンを添えます。

下味は両面にしっかりつけます。こうすることで、魚の臭みが消えて食べやすくなり、ソースなどの調味料がなくてもそのままでおいしく食べられます。

材料〈4人分〉

	豚もも肉スライス	120g
	大根	1/3本
	にんじん	1/2本
	干ししいたけ	2枚
	ピーマン	1個
	長ねぎ	1/5本
	ごま油	小さじ1
	しょうが（せん切り）	1/2かけ
	水（干ししいたけの戻し汁と合わせて）	150cc
A	酒	大さじ1/2
A	しょうゆ	大さじ2/3
A	みそ	大さじ1強
A	テンメンジャン	小さじ1/2
B	片栗粉	大さじ2
B	水	大さじ2

副菜　豚肉と大根の甘みそ煮

子どもは和風煮物の大根をあまり食べないので、味つけを変えて中華風にしてみました。色合いとテンメンジャンのおかげか、これはよく食べてくれます。

作り方

1. 豚肉は2cm幅に切り、大根とにんじんは乱切りにします。
2. 干ししいたけは水で戻し、石づきを取って細切りにします（戻し汁は使うので取っておく）。ピーマンは種を取って細切り、長ねぎは5mm幅の斜め切りにします。
3. 鍋にごま油としょうがを入れて加熱し、香りが出たら豚肉を加えて炒めます。肉の色が変わったら大根、にんじん、干ししいたけを順に加えて炒めます。
4. 3に水を加えてふたをし、中火で約10分煮ます。Aを順に入れて味を調えます。
5. さらにピーマン、長ねぎを加えてひと煮立ちさせ、Bの水溶き片栗粉を入れてとろみをつけます。

Aの調味料は、一度でなく順番に加えることで、それぞれの風味が生きておいしく仕上がります。

①酒

②しょうゆ

③みそ

④テンメンジャン

材料〈4人分〉

A	煮干し（いりこ・あじ）だし汁	300cc
A	厚削りだし汁	300cc
	もめん豆腐	1/2丁
	たけのこ水煮	120g
	しめじ	1/2パック
B	酒	大さじ3/4
B	しょうゆ	大さじ1強
B	塩	小さじ1/3

汁物　たけのこと豆腐のすまし汁

主菜と副菜は個性的な味。口の中をすっきりとリセットできるよう、すまし汁にしました。たけのこの歯ごたえが、豆腐のふわふわ感を引き立てます。

作り方

1. Aのだし汁を合わせておきます。
2. 豆腐は1cmの角切りにします。たけのこは軽く下ゆでし、長さ3cmの薄切りにします。しめじは石づきを取って小房に分けます。
3. 1に2を入れてひと煮立ちさせ、Bを順に入れて味を調えます。

毎日のごはんが、心を育てます。

普段から決まった時間に家族で食事をしていると、子どもの気持ちや健康状態がよくわかってきます。楽しく会話しながら食べると、それだけで満足感があり、栄養を吸収しやすくなります。食生活を整えることは、子どもの心身の発達にとても大切なことです。

もしも好き嫌いがあったら、少しずつ食べられるように練習してみましょう。たとえば、魚は骨があって食べにくいので、多くの子どもは「面倒くさい」と言います。でも、それだけの理由で食べないのだとしたらもったいないですね。魚の骨の取り方を大人が手ほどきしてあげると、箸の使い方も上手になっていきます。

箸をつけなかった子が少しでも食べたら、うんとほめてあげてください。それが子どもの大きな自信になります。それまで、大人があきらめずに見守ることです。

また、いつも面倒なことを避けて簡単な方法で済ませようとすると、食べることだけでなく、生活全体がそうなってしまいます。だから、面倒なものを食べさせるということは、大げさな言い方かもしれませんが、生きていくうえで必要なことだと思うのです。

「十美さんの料理を学びたい！」と、この本の料理撮影に参加してくれた母の石井典子さん（中央）、悠翔くん（左）、千愛ちゃん。

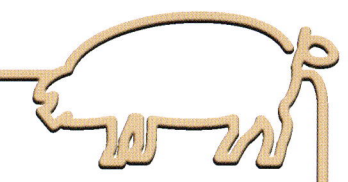

前書でも協力してくれた三浦さん親子。表紙を飾った築宜くん（中央）と叶登くん（右）は成長して、料理の手際もバツグン。母の綾子さん（左）も大活躍でした。

子どもの舌と一緒に、料理も成長します。

子どもが給食を食べる様子を見ていると、食の細い子もいますが、「食べなさい」と強要はしません。その代わり、次から調理のしかたを工夫します。

そして、一緒に少しずつ食べたり、残り具合を見て「なぜ食べてくれなかったのかな」とか、「味つけが合わないのかな」などと原因を考えたりします。少なくとも、最初から子どもウケを狙ったものにはしません。

いろんな味つけや調理法を試していくと、子どもにとって何がダメで、どのあたりまでが許容範囲かもわかってきます。その積み重ねが大事なのです。

コンビニや出来合いのものなど、市販品には食品添加物が多く含まれています。大人がこういうことに無頓着でいると、子どもの味覚を知らず知らずに狂わせてしまうことになりかねません。子どもに食べさせていい食品かどうかを、大人がよく見極める目が必要だと思います。

愛情を込めて、心が満足する食事を。

「思いを込めてしっかり作ったものを食べさせていると、ちゃんとした体に育つ」と言った人がいます。食べたものが心身を作るということを理解して、口にするものを大人が選んであげたいものです。

食事は心が満足できることが大切です。仮に、留守番の子どもにおにぎりしか用意できなかったとしても、「ごめんね、これしかないけど食べててね」と書き置きが添えてあるだけで、子どもの気持ちが満足します。仕事などで家を空けるときにでも、子どもに伝わるように「気持ちを置いていく」ことが大事です。

でも、「お母さんはこんなに一生懸命してあげているのに」という姿勢では、気持ちはうまく通じません。子どもへの愛情は無償でなくてはいけない。見返りを求めてはいけないのです。

子どものために作る食事は、家族みんなを健康で幸せにする食事です。毎日のごはんを楽しくおいしく味わえるなら、人生にとってそんな素敵なことはないと思いませんか。

十美さん特製！　置戸の給食カレールー

★19種のブレンドスパイスを使った決定版★

皆さんが家で作るカレーは辛口？　それとも甘口？　「子どものカレーは辛くないほうがいい」と思われがちですが、辛さだって大事な味覚の一つ。カレーのおいしさを伝えたいと思ったら、辛さは欠かせない要素なのです。

置戸町の給食で出しているカレーは、19種のスパイスを使って手作りし、3週間寝かせたルーを使います。大人も満足できるくらいのしっかりした辛さですが、子どもは残したりしません。むしろ「辛くておいしい！」と言って、競うようにおかわりしてくれます。大事なのは、安全な材料を使って、雑味のない本物の辛さを伝えることです。

そこで、19種のスパイスを調合してパッケージにした「置戸町の学校給食カレー　ブレンドスパイス」を作りました。スパイスを計量する手間が省け、これ一つで40食分を作ることができます。お子さんのいる家庭ならカレーは1回で8～10食分を作るでしょうから、ざっと4回分です。ご家庭で、置戸町のカレーの味に挑戦してください。

※レトルトカレーではありませんのでご注意ください。

置戸町の学校給食カレー　ブレンドスパイス

［問い合わせ］置戸町中央公民館

北海道常呂郡置戸町字置戸245番地の1

Tel. (0157) 52-3075

Fax. (0157) 52-3169

3週間寝かせたルーは、こんな感じ。粉っぽさがなくなり、味がなじんできます。

材料〈40食分〉

・置戸町の学校給食カレー　ブレンドスパイス★

〈19種のスパイス〉
ガーリックグラニュー
クミン
コリアンダー
タイム
フェネグリーク
カルダモン
フェンネル
クローブ
シナモン
オールスパイス
ディールパウダー
ナツメッグ
セージ
ローリエ
スターアニス
ターメリック
ブラックペッパー
カイエンペッパー
カレー粉

・使用済みサラダ油★ …………………… 160g
・しょうが（みじん切り） ………………40g
・にんにく（みじん切り） ………………40g
・小麦粉（薄力粉） ……………………… 320g

★スパイスの配合比率は『おうちで給食ごはん～子どもがよろこぶ三つ星レシピ63』（佐々木十美監修、北海道新聞社刊）に掲載しています。

★新品よりも使用済み油が良いのは、粉となじみやすいから。天ぷらなどに使った油をこして保存しておくと便利です。

作り方

1　しょうが、にんにくは、できるだけ細かいみじん切りにします。

おろしがねやフードプロセッサーを使うと繊維質が壊れておいしさが逃げるので、必ず包丁で手切りしてください。目安は、切るときのシャキシャキ音がなくなるくらい。「これ以上細かくできない」というくらいにすると、焦げにくく、口当たりも良くなります。

にんにくの芽は焦げやすいので取り除きます。

右が普通のみじん切り。左くらいの細かさに！

2　フライパンに油を注ぎ、1を入れてから火をつけます。最初は中火にし、油が沸いてきたら弱火にして、全体が色づくまで炒めます。ここで焦がさないよう、火加減に注意しましょう。（約15～20分）

3　小麦粉をふるいにかけながら2に入れ、へらでよく練りながら弱火で炒めます。（約10分）

4　スパイスを全量入れ、弱火で全体にてりが出るまでよく練ります。小麦粉のダマをつぶしながら、手を休めずしっかりと練り上げましょう。（約30分）

スプーンを使って小麦粉のダマをつぶすと効果的。

これくらいのてりが出たら成功！

5　でき上がったルーは、ラップを敷いたバットに平らに入れ、さらに上からラップをかけて密封します。

- 2～5の工程には約1時間かかりますが、設備や材料によって異なるので、時間は目安としてください。
- ルーは3週間程度、冷蔵庫の中で熟成させます。その後は小分けにして冷凍保存します。

置戸の給食カレールーを使った チキンカレー

給食では月１回ペースでカレーを出しています。チキン、ポーク、シーフードなど具材を変えたり、エビフライをのせたり。チキンカレーには鶏むね肉を使います。ヨーグルトにつけると軟らかくなり、コクも増しておいしいですよ。

材料〈10 食分〉

鶏むね肉…………………………………… 500g
A
- 白ワイン……………………………… 50cc
- ヨーグルト…………………………… 100g
- 塩………………………………… 小さじ 2
- ホワイトペッパー…………………… 少々

じゃがいも………………………………… 4 個
にんじん…………………………………… 1 本
玉ねぎ……………………………………… 3 個
りんご……………………………………… 1 個
セロリ……………………………………… 1 本
バター…………………………………… 大さじ 2
（3 回に分けて使う）

B
- コンソメ（顆粒）……………… 小さじ 1
- 鶏がらスープのもと…………… 小さじ 2
- クミン、コリアンダー…………各 2 ～ 3g
- マンゴーチャツネ(なくても可)… 大さじ 1/2

野菜ジュース…………………………… 40cc
ホールトマト…………………………… 80g
水………………………………………… 適量
手作りカレールー（P97 参照）………… 150g
C
- ウスターソース………… 大さじ 2 と 1/2
- 中濃ソース……………… 大さじ 2 と 1/2

しょうゆ……………………… 大さじ 1 と 1/2

作り方

1　鶏肉は一口大に切り、A で下味をつけて 1 時間以上置きます。

2　じゃがいも、にんじんは角切りにします。玉ねぎは 2 個を薄切りに、1 個を角切りにします。

3　りんごは皮と種を取って薄切りにします。セロリは筋を取り、茎は小口切りに、葉はみじん切りにします。

4　鍋にバター大さじ 1 を溶かし、1 を炒めます。表面の色が変わったら、一度取り出します。

5　同じ鍋にバター大さじ 1/2 を足し、りんご、セロリをしんなりするまで炒めます。さらに玉ねぎ（薄切り）を加えてよく炒めます。途中で B の材料を順に加えます。

6　じゃがいも、にんじん、玉ねぎ（角切り）を入れてさっと炒めたら、野菜ジュース、粗切りしたホールトマト、ひたひたの水と 4 を加えて煮ます。

7　カレールーは 6 の煮汁でゆるめに溶いておきます。

8　じゃがいもがやや硬めのうちに、一度火を止めてカレールーと C を入れます。とろみ加減を確認し、かたければ水で調整します。再び加熱し、30 分ぐらい煮込みます。

9　風味づけに、しょうゆと残りのバター大さじ 1/2 を入れ、さらに 30 分ぐらい煮込みます。

野菜の炒め方がポイント！

りんごとセロリは、早い段階でよく炒めて煮込むと、ルーに溶けて甘み、酸味、深みが出ます。水分がなくなるまで炒めておくのが大事なポイント。炒め方が足りないと、仕上がりが水っぽくなるので注意！

▼

次に玉ねぎ（薄切り）を加えます。りんご・セロリと同じく、玉ねぎも水分がなくなるまで炒めることで、甘みが出ます。

▼

じゃがいも、にんじん、玉ねぎ（角切り）を入れさっと炒めます。野菜としての食感を残したいので、ここは炒めすぎないこと。

白菜あさりうどん

白菜もあさりも、うどんにはあまり使われない具材ですが、あえて組み合わせてみました。和風だしに加え、白菜とあさりからもだしが出て最高！　麺好きの子どもに「スープも全部飲んでいいよ」と言ってあげられます。

優しい味わい。スープも全部飲み干せます。

材料〈4人分〉

A	厚削り節	20g
A	だし昆布（2cm幅）	10cm
A	水	1200cc
	白菜	1枚
	あさりむき身	40g
	乾燥わかめ	4g
	サラダ油	少々
B	酒	大さじ1/2
B	しょうゆ	大さじ3と1/3
B	塩	少々
	うどん（乾麺）	400g

あさりむき身は、ぬるま湯で洗って臭みを取ります。

作り方

1. Aの材料でだし汁を作ります【P51参照】。Aを鍋に入れて約30分つけてから火にかけます。沸騰直前に昆布を取り出し、約30分煮出してこします。取り出した昆布は細切りにしておきます。
2. 白菜は1cm幅に切ります。あさりはぬるま湯で洗い、ざるにあげます。わかめは水で戻しておきます。
3. 鍋にサラダ油を熱してあさりを炒め、さらに白菜を加えて炒めます。1のだし汁と刻んだ昆布を入れて煮ます。
4. 3にBを入れて調味し、水気を切ったわかめを加えてひと煮立ちさせます。
5. うどんはゆでて水洗いしてから湯で温め、丼に入れて4を注ぎます。

桜寿し

見た目が華やかでしょ。置戸町の給食では、卒業・入学祝いとして春に出すメニューです。ごはんと一緒に野菜、しらす干し、卵も混ぜ込んであるので、目で楽しみながら栄養も取れるお寿しです。

お祝いにぴったり！ 食卓が華やかになります。

材料〈4人分〉

	米	2合
	食紅	少々
	だし昆布（2cm幅）	10cm
	干ししいたけ	2枚
	かんぴょう	4g
	にんじん	1/5本
	水	適量
	しらす干し	8g
A	みりん	小さじ2/3
A	しょうゆ	大さじ2/3
A	塩	少々
A	米酢	大さじ2と2/3
B	卵	3個
B	塩	少々
B	砂糖	大さじ1/2
	サラダ油	少々
	白いりごま	大さじ1/2
	刻みのり	適量

作り方

1 炊飯器に洗った米、水、食紅を入れて混ぜ、だし昆布を差し込んでごはんを炊きます。

2 干ししいたけは水で戻して細切りにし（戻し汁は使うので取っておく）、かんぴょうは水で戻して3mm幅に切ります。にんじんは細切りにします。

3 鍋に2、しいたけの戻し汁、ひたひたの水を加えて煮ます。にんじんに火が通ったら、しらす干しを加え、Aを順に入れて調味し、やや濃い目の味に仕上げます。

4 Bの材料でいり卵を作ります【P55参照】。

5 炊き上がったごはんに3と4、ごまを入れてさっくりと混ぜ合わせ、仕上げに刻みのりをかけます。

食紅は、耳かき1/2量程度を小さじ1の水で溶き、少しずつ入れていきます。炊く前の水の色を写真のような濃い目のピンク色にすると、炊き上がったときにちょうど良い桜色になります。

そぼろおから丼

子どもはそぼろごはんが好き。でも、ひき肉だけだと栄養が偏るので、おからを混ぜ込んでボリュームアップしました！おからは安くて繊維質の多いヘルシーな食材。家庭でいろいろ試してみてください。

おからでヘルシーにボリュームアップ！

材料〈4人分〉

	鶏ひき肉	240g
	サラダ油	大さじ1
	しょうが（すりおろし）	大1かけ
	おから	80g
A	砂糖	大さじ1/2
A	しょうゆ	大さじ2と1/4
B	卵	3個
B	塩	小さじ1/5
B	砂糖	大さじ1/2
	ごはん	3合分
	紅しょうが（細切り）、刻みのり	各適量

作り方

1 フライパンにサラダ油としょうがを入れて加熱し、香りが出たら鶏ひき肉を加えてよく炒めます。

2 肉に火が通ったら、おからを加えてさらに炒め、パラパラになったらAを加えて調味します。

3 Bの材料でいり卵を作ります【P55参照】。

4 ごはんを丼に盛り、2と3をのせ、仕上げに紅しょうがと刻みのりをのせます。

きれいなそぼろ状にするには、鶏ひき肉をよく炒め、パラパラになるのを確認してからおからを入れるのがコツ。

鶏じゃがトマト丼

もともとは、主菜の「鶏じゃがトマト」として作ったもの。和洋どちらにも合うおかずなので、丼ごはんの具にしたら、子どもたちに大ウケでした。おかずとして、パンと一緒に食べてもおいしいですよ。

和洋どちらにも合う人気惣菜の丼バージョン。

材料〈4人分〉

A	厚削り節	6g
A	だし昆布（2cm幅）	6cm
A	水	150cc
	鶏むね肉	120g
	塩	少々
	じゃがいも	小1個
	にんじん	1/5本
	サラダ油（素揚げ・炒め用）	適量
	玉ねぎ	1/2個
	トマト	小1個
B	酒	小さじ1
B	みりん	小さじ2/3
B	しょうゆ	大さじ1強
B	ホールトマト	30g
B	トマトピューレ	70g
	ごはん	3合分

作り方

1 Aの材料でだし汁を作ります【P51参照】。

2 肉は一口大に切り、塩を振って下味をつけ、約30分置きます。

3 じゃがいもとにんじんは小さめの乱切りにし、素揚げにします。

4 玉ねぎはくし形に切り、トマトは湯むきして角切りにします。

5 鍋にサラダ油を熱し、肉と玉ねぎを炒め、肉の色が変わったらトマトを炒めます。1とBを順に加え、ホールトマトをへらでつぶしながらひと煮立ちさせ、3を加えてさっと炒め合わせます。

6 ごはんを丼に盛り、5をのせます。

丼ごはんの具なので、じゃがいもとにんじんは、ちょっと小さめの乱切りにすると、食べやすい大きさになります。

ペンネのキムチアラビアータ

子どもにはキムチ味が人気です。そこで、パスタメニューにヒントを得て、アラビアータに入れる唐辛子の代わりにキムチを使いました。普通のパスタでもいいけれど、ペンネを使うと食感が新鮮になります。

キムチ味がアクセント！ 新しいパスタメニュー。

材料〈4人分〉

ペンネ……320g
オリーブ油……大さじ2
にんにく（みじん切り）……大1かけ
玉ねぎ（薄切り）……1/2個
白菜キムチ（1cm幅）……40g
ロースハムスライス（1cm幅）……3枚
A ケチャップ……100g
A トマトピューレ……20g
A 塩、ホワイトペッパー……各少々
ペンネゆで汁……180cc
長ねぎ（小口切り）……1/5本
粉チーズ……大さじ3
乾燥パセリ……少々

作り方

1 ペンネは、ソースのでき上がり時間に合わせて硬めにゆでます（ゆで汁は使うので取っておく）。

2 フライパンにオリーブ油とにんにくを入れて加熱し、香りが出たら玉ねぎを加えて炒めます。

3 玉ねぎがしんなりとなったら、キムチとハムを加えてさらに炒めます。Aを順に加えて調味し、ゆで汁を加えておきます。

4 3に1と長ねぎを加えてよく混ぜ合わせ、仕上げに粉チーズと乾燥パセリを振りかけます。

3の工程で、キムチをしっかり炒めることで辛さがマイルドになり、子どもにも食べやすくなります。

かぼちゃのクリームパスタ

置戸産のかぼちゃを使った、9～12月限定のメニュー。かぼちゃはコクがあるので、生クリームではなく、あっさり系のスキムミルクを使って仕上げました。スキムミルクは、クリーム系料理に重宝する調味料です。

旬のかぼちゃをクリーム仕立てで。

材料〈4人分〉

かぼちゃ…………………………………… 80g
スパゲティー………………………………… 320g
オリーブ油……………………………… 大さじ2
にんにく（粗みじん切り）…………… 1/2かけ
玉ねぎ（粗みじん切り）………………… 1/2個
スキムミルク………………………………… 20g
A ┌ クリームチーズ…………………………… 20g
A └ 塩、ブラックペッパー……………… 各少々
スパゲティーゆで汁…………………… 180cc
乾燥パセリ…………………………………… 少々
粉チーズ……………………………… 大さじ3

作り方

1 かぼちゃは短冊切りにし、硬めに蒸します。

2 スパゲティーは、ソースのでき上がり時間に合わせて硬めにゆでます（ゆで汁は使うので取っておく）。

3 フライパンにオリーブ油、にんにく、玉ねぎを入れてよく炒め、スキムミルクを振り入れてさらに炒めます。

4 3にAを順に入れて味を調え、スパゲティーのゆで汁を加えてよく混ぜ合わせます。1と2を加え、パセリを振って混ぜ合わせ、仕上げに粉チーズを振りかけます。

スキムミルクのような粉物は、炒めている途中で振り入れると味がなじみやすくなります。

鮭の和風スパゲティー

置戸町の給食では、パスタは月１回ペースで出します。同じ味を繰り返さないように和風しょうゆ味にした一品。焼き鮭の残りを使ったり、ほぐし身を使ってもいいですよ。塩加減は鮭の味を見て調整してください。

パスタメニューの幅が広がります。

材料〈4人分〉

	生鮭切り身	2切れ
A	塩	小さじ1弱
A	酒	少々
	大葉	8枚
	玉ねぎ	大1個
	しめじ、えのきだけ	各1/2パック
	オリーブ油	大さじ3
	スパゲティー	320g
	スパゲティーゆで汁	180cc
B	塩	小さじ1弱
B	しょうゆ	大さじ3/4
	白いりごま	大さじ1/2

作り方

1. 鮭は一口大に切り、Aを振って下味をつけ、約30分置きます。
2. 大葉はせん切りにし、玉ねぎは薄切りにします。しめじは石づきを取って小房に分け、えのきだけは石づきを取って長さを半分に切ります。
3. スパゲティーは、ソースのでき上がり時間に合わせて硬めにゆでます。
4. フライパンにオリーブ油（大さじ2）を熱して1を炒め、火が通ったら一度取り出します。
5. 4のフライパンにオリーブ油（大さじ1）を足して、玉ねぎを加えてよく炒めます。しめじ、えのきを順に加えてさらに炒め、ゆで汁を加えます。
6. 5に4を加えてBで調味し、スパゲティー、大葉を加えてよく混ぜ合わせ、仕上げにごまを振りかけます。

ごぼうと里いものポタージュ

いろんな野菜を使ったポタージュスープを給食で出していますが、共通するコツは玉ねぎをよく炒めること。このスープは、ごぼうの滋味深さと里いものふわふわ感が絶品！　少量でも満足感のあるスープです。

じわじわと満足感が押し寄せる濃厚スープ。

材料〈4人分〉

	ごぼう	1本
	里いも	3個
	玉ねぎ（薄切り）	1個
	バター	大さじ2/3
A	コンソメ（顆粒）	小さじ1/2
A	鶏がらスープのもと	小さじ1
	水	適量
B	牛乳	200cc
B	クリームチーズ、スキムミルク、小麦粉	各20g
	塩	小さじ1/2弱
	ホワイトペッパー	少々
	乾燥パセリ	少々
	クラッカー	適量

作り方

1 ごぼうは包丁の背で皮をこそげ取り、ささがきにします。里いもは皮をむいて薄切りにし、軽く下ゆでして、ぬめりを取ります。

2 鍋にバターを熱して玉ねぎをよく炒め、ごぼう、里いもを加えて炒めます。Aと、かぶる程度の水を入れ、材料が軟らかくなるまで煮ます。

3 2を煮汁ごとミキサーにかけ、鍋に戻します。

4 Bの材料をミキサーにかけ、3の鍋に加えてゆっくり煮ます。塩、ホワイトペッパーで味を調え、仕上げにパセリを振ります。好みでクラッカーを添え、砕いて入れるとおいしく食べられます。

2の工程で、里いもがスプーンでつぶせるまで煮ると、なめらかな仕上がりになります。

大根とソーセージのポトフ

具材を大きめに切ってコトコト煮込むだけ。ソーセージのうまみが野菜にしみこみ、心も体も温まる一品です。置戸町の給食では秋冬に出しています。家庭でも受験生に作ってあげたいですね。

わが家のスープで「あったまるよ」。

材料〈4人分〉

大根	1/5本
にんじん	1/5本
玉ねぎ	1/2個
キャベツ	葉1枚
ウインナーソーセージ	80g
水	400cc
コンソメ（顆粒）	小さじ1/4
A 塩	小さじ1/2
A ブラックペッパー	適量

作り方

1. 大根とにんじんは、大きめの乱切りにして軽く下ゆでしておきます。玉ねぎはくし形に切り、キャベツはざく切りにします。
2. ソーセージは洗ってから一口大の乱切りにします。
3. 鍋に湯を沸かし、コンソメを入れてスープを作り、ソーセージ、大根、にんじん、玉ねぎを順に入れて煮ます。野菜が軟らかくなったら、キャベツを加えてさっと煮て、Aで調味します。

ソーセージは、洗うことで余分な油や臭みを取ることができます。

※つけ合わせの食材は省略しています。

肉・肉加工品

魚・海藻・魚介加工品

野菜・くだもの・野菜加工品

※つけ合わせの食材は省略しています。

あとがき

佐々木 十美

前書『おうちで給食ごはん～子どもがよろこぶ三つ星レシピ63』が出版されて早３年がたとうとしています。その間、本を通していろいろな出会いがあり、見も知らぬ方々からの心からの応援もたくさん感じることができました。

「偏食の子が野菜をおいしいと言って食べてくれた」「身近にある食材と調味料で手軽にできて、『次は何を作ろうかな？』と料理が楽しくなった」などのうれしい声を聞くと、長年思いを込めて作った給食のレシピを皆さまが実際に利用してくださっていることが実感できて、感慨深いものがあります。

世の中には、一生懸命頑張ってごはんを作っているお父さん、お母さんがいる一方、「食べることに関心がない」「作るのが面倒」「出来合いのものを買うか外食で」という家庭が増えていて、子どもたちにとっては大変な状況になっています。便利な毎日を優先するあまり、コンビニや全国展開の店、添加物だらけのお菓子や飲み物に頼り、私たちの体が日々食べているもので作られるということを忘れてしまっている方々が多いように見受けられます。

外食は楽しいものですが、私は「やっぱり家で食べるごはんがいちばん！」と思ってほしいのです。お母さん一人が頑張ることはありません。休みの日には、家族や友達と一緒にわいわい楽しみながら作って食べれば、気持ちもお腹も満足するのではないでしょうか。

今回の本では、私が実践してきた給食レシピを家庭の晩ごはん向けにアレンジし、献立の組み立て方を紹介しています。前作とあわせてお読みいただければ、自分なりに料理を組み合わせることができるようなヒントも盛り込みました。

日本の食文化の基本は和食です。正しい箸の持ち方や配膳など、食事のマナーも身につけてもらいたいと考えています。私は給食を通じて、そうしたことも伝えてきました。この本がきっかけになって、皆さまの家庭に笑顔が増えればうれしいです。

最後に、撮影時の料理作りをお手伝いいただいた方々と、前作に引き続き、私以上に私のことを理解し、一冊の本として表現してくださった制作スタッフの皆さまに感謝します。

著者略歴

佐々木十美（ささき・とみ）

1951年北海道置戸町生まれ。名寄女子短期大学栄養学科（現・名寄市立大学）を卒業後、72年から置戸町学校給食センター栄養士。87年に管理栄養士資格取得。2007年から置戸町立置戸小学校栄養教諭を兼務。2011年に定年退職し、現在は同町「食のアドバイザー」として自身が考案した給食レシピの普及に務めるとともに、食の連携によるまちづくりにも取り組んでいる。監修に『おうちで給食ごはん〜子どもがよろこぶ三つ星レシピ63』（北海道新聞社刊）がある。

編　　集　仮屋志郎（北海道新聞社）
企画協力　森本昭夫（株式会社ウァン）
編集協力　加賀千登世
　　　　　範國有紀（スタジオ・アイ）
撮　　影　阿部雅人（スタジオ・アイ、料理写真）
　　　　　横田奈都美（スタジオ・アイ、アシスタント）
　　　　　宇田川佳織（スタジオ KURO、工程写真）
撮影協力　石井典子、石井悠翔、石井千愛、
　　　　　佐藤はるみ、高山京子、
　　　　　三浦綾子、三浦叶登、三浦築宜
装丁・DTP　株式会社ウァン

佐々木十美の子どもと食べたい晩ごはん

2013年　3月　8日　初版第1刷発行
2021年　7月28日　初版第3刷発行
著　者　佐々木十美
発行者　菅原　淳
発行所　北海道新聞社
　〒060-8711　札幌市中央区大通西3丁目6
　出版センター（編集）電話 011-210-5742
　　　　　　　（営業）電話 011-210-5744
　http://shop.hokkaido-np.co.jp/book/
印刷所　株式会社アイワード

乱丁・落丁本は出版センター（営業）にご連絡くだされればお取り換えいたします。
ISBN978-4-89453-688-3